Computer Bild



Prinz & Müller

# Digitalfotos

## Bearbeitung ganz einfach

ullstein

*Thomas Hoffmann*
Herausgeber

# Zu diesem Buch

Einer der größten, wenn nicht sogar der wichtigste Vorteil der Digital- gegenüber der herkömmlichen Filmfotografie: Beim Ergebnis Ihrer fotografischen Bemühungen sind Sie nicht auf die Qualität und Service des Entwicklungslabors angewiesen. Denn Digitalbilder lassen sich ohne großen technischen Aufwand oder Spezialkenntnisse am Computer bearbeiten, retuschieren und optisch veredeln. Unschärfe beseitigen, einen störenden Passanten wegschneiden oder ein Farbfoto zu Geschenkzwecken in ein antiquiertes Schwarzweißbild umwandeln – mit der richtigen Software kein Problem.

Den meisten Digitalkameras liegen bereits einfache Programme zur Fotobearbeitung und -archivierung bei. Wer mehr als Grundfunktionen will, muss jedoch nicht zu teuren Spezialprogrammen greifen. Denn gerade zur Bildbearbeitung gibt es eine ganze Reihe von kostenlosen Programmen im Internet, die auch den Ansprüchen ambitionierte Hobbyfotografen genügen. In diesem Buch geht es hauptsächlich um „Photofiltre", einen dieser pfiffigen Gratis-Fotokünstler. Mit diesem Programm können Sie nicht nur die gängigen Bildfehler nachträglich korrigieren oder Fotos am Computer noch optimieren, sondern auch künstlerisch verfremden und veredeln. Wie's geht, erfahren Sie in diesem Buch.

Als Helfer zur Bildverwaltung und Herstellung von Diaschauen am Computer hat sich die Buchredaktion für das ebenfalls kostenlos erhältliche Programm „Picasa" entschieden. Auch dazu finden Sie die entsprechenden Erläuterungen im Buch.

Alle Anleitungen gibt es, wie von COMPUTERBILD gewohnt, in leicht verständlicher Schritt-für-Schritt-Form. Auch auf die besonders für Computer-Anfänger gedachten Erklärungen der extra markierten Fachbegriffe müssen Sie nicht verzichten. Nur finden Sie diese nicht wie in der Zeitschrift direkt auf der Seite, sondern alphabetisch geordnet als Anhang am Ende des Buchs.

# 1 Erste Schritte mit PhotoFiltre

Wohl jeder weiß, was es bedeutet, mit den sprichwörtlichen Kanonen auf Spatzen zu schießen. Im Bereich der Digitalfotografie scheint eben dieses Verhalten besonders ausgeprägt zu sein: Kameras werden oft genug nach dem Motto „Viel hilft viel" gekauft und bieten **Auflösungen** und mögliche Bildgrößen, die der Anwender meist überhaupt nicht braucht. Kaum anders sieht es bei der Bildbearbeitung aus. Selbst wenn es nur darum geht, ein Bild auf die richtige Größe zuzuschneiden, ein störendes Motivelement zu entfernen, ein paar Rote Augen zu korrigieren, die Schärfe etwas nachzubessern oder nachträglich einige kleinere Korrekturen bei der **Belichtung** vorzunehmen - sofort wird der Ruf nach professionellen **Bildbearbeitungsprogrammen** laut.

Natürlich bieten bekannte Programme wie „PhotoShop", „Gimp" oder „PhotoImpact" eine reiche Palette an Funktionen zur Bildbearbeitung, die Bedienung ist allerdings in der Regel sehr anspruchsvoll. Hinzu kommt - auch wenn Gimp als Ausnahme kostenlos verfügbar ist -, dass die meisten dieser Programme ihren (hohen) Preis haben.

Daher soll Ihnen in diesem Buch das Programm „PhotoFiltre" vorgestellt werden. Es bietet einen Funktionsumfang, der den Bedürfnissen - selbst anspruchsvoller - Amateure völlig genügen dürfte, es ist einfach zu bedienen, es nimmt auch mit einfacheren PC-Systemen vorlieb, und es ist kostenlos im **Internet** erhältlich.

Im ersten Kapitel dieses Buches erfahren Sie,
- wie Sie PhotoFiltre aus dem Internet überspielen und installieren,
- wie Sie dem Programm eine deutsche Benutzeroberfläche verpassen
- und wie Sie das Programm starten und das erste Bild laden.

### Kapitel-Wegweiser

# Bildbearbeitung ohne Kosten

PhotoFiltre ist ein französisches Programm, was für **Software** allein schon bemerkenswert ist. Noch bemerkenswerter ist allerdings, dass dieses Programm trotz seines erstaunlichen Leistungsumfangs ausgesprochen kompakt ist und auf der **Festplatte** Ihres PCs nur sehr wenig Platz beansprucht und - nicht zuletzt - dass es kostenlos zu beziehen ist. Doch keine Angst: Obwohl es ein französisches Programm ist, gibt es eine deutsche Oberfläche dafür, sodass Sie es problemlos bedienen können. Alles, was Sie brauchen, um PhotoFiltre auf Ihrem PC zu installieren, ist ein Computer und ein Internetanschluss.

### Stichwort Freeware

PhotoFiltre ist im Internet kostenlos erhältlich und kann von jedem beliebig – also auch ohne zeitliche Begrenzung – eingesetzt werden. Programme, die auf diesem Weg unters Volk gebracht werden, bezeichnet man als Freeware: Sie stehen privaten Anwendern ohne Einschränkungen kostenlos zur Verfügung. Dabei liegt die Betonung auf dem Wörtchen „privat". Konkret heißt es im Copyright-Hinweis von PhotoFiltre, dass das Programm für die „private, nicht kommerzielle oder schulische Nutzung (nicht-Gewinn-machende Organisationen eingeschlossen)" bereitsteht. Das heißt jedoch im Gegenzug, dass Anwender, die PhotoFiltre für berufliche, also kommerzielle Zwecke nutzen möchten, dafür zahlen müssen. Diesen Anwendern steht mit „PhotoFiltre Studio" (**http://www.photofiltre-studio.com**) eine **Programmversion** zur Verfügung, die als **Shareware** zum Preis von 25 Euro vertrieben wird und einige zusätzliche Funktionen bietet.

# PhotoFiltre aus dem Internet übertragen

Die **Übertragung** von PhotoFiltre aus dem Internet dauert nur wenige Minuten und ist denkbar einfach zu erledigen.

**1** Starten Sie Ihr Internetanzeigeprogramm, beispielsweise den **Internet Explorer**, und geben Sie die Adresse **www.photofiltre.com**

in die Adresszeile ein. Bestätigen Sie wie gewöhnlich, indem Sie auf die ↵-Taste drücken.

**2** Nun befinden Sie sich auf der Internetseite des PhotoFiltre-Programmierers Antonio Da Cruz, der Sie vor die Wahl stellt, seine Seite in englischer oder in französischer Sprache anzusehen. Die meisten Benutzer werden sich mit einem Mausklick vermutlich für ● entscheiden.

Fremdsprachenkenntnisse sind jedoch im weiteren Verlauf nicht erforderlich.

**3** Als Nächstes landen Sie auf einer Seite, die Sie über die neuesten Entwicklungen aus der bunten Welt von PhotoFiltre informiert und die am linken Bildschirmrand eine **Navigationsleiste** aufweist. Klicken Sie hier auf den Eintrag ●.

**4** Daraufhin sehen Sie in der Mitte der Seite zunächst eine kurze Navigationshilfe für die „**Downloads**"-Seite und gleich darunter die verschiedenen Sprachen, in denen Sie sich PhotoFiltre herunterladen können. Zwischen englischer, tschechischer, holländischer und französischer Version versteckt sich leider keine deutsche Version – aber das braucht Sie erst einmal nicht weiter zu kümmern. Klicken Sie einfach auf ●.

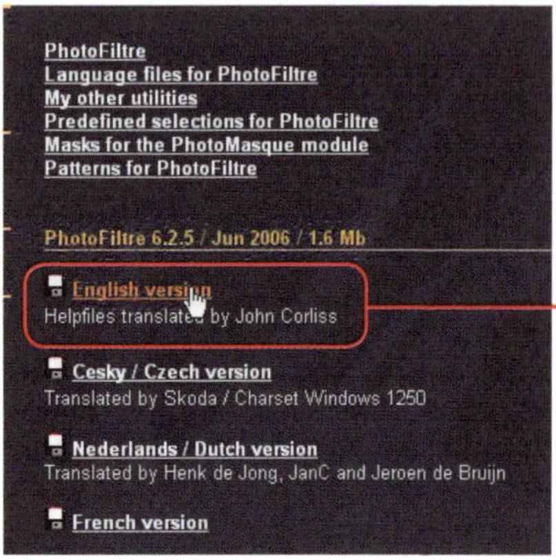


**5** Anschließend erscheint ein Dialogfenster, in dem Sie angeben, was mit der ausgewählten Datei geschehen soll. Nach einem Klick auf die Schaltfläche ●

will der Explorer von Ihnen wissen, wo genau er die Datei „pf-setup-en" speichern soll. Klicken Sie hier einfach auf das Desktop-Symbol ●,

## PhotoFiltre im Internet bei COMPUTERBILD laden

Sie können PhotoFiltre auch auf der Internetseite von COMPUTERBILD herunterladen. Geben Sie dazu in das Adressfeld Ihres Internetanzeigeprogramms die Adresse **www.computerbild.de** ● ein, und bestätigen Sie mit der [↵]-Taste.

Klicken Sie danach auf den Registerreiter

und – nachdem die Seite geladen ist – darunter auf ●.

Nun bewegen Sie den Fensterinhalt, indem Sie das Feld ● auf anklicken und mit gedrückter Maustaste nach unten ziehen, bis das Bild ● erscheint. Klicken Sie es einfach an, ebenso wie auf der nachfolgenden Seite den Eintrag ●.

Anschließend öffnet sich eine Internetseite mit deutschsprachigen Erläuterungen von COMPUTERBILD zu PhotoFiltre. Darunter finden Sie das Symbol ●.

Klicken Sie darauf und im folgenden Dialogfenster auf

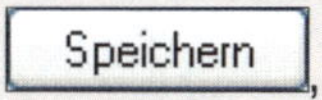


, und speichern Sie die Datei auf Ihrem Computer, wie in den Schritten 5–7 der nebenstehenden Anleitung gezeigt.

das Sie links im Auswahl-Fenster sehen, und bestätigen Sie Ihre Entscheidung per Klick auf die Schaltfläche

.

**6** Jetzt sollten Sie sich etwas in Geduld fassen, denn je nach Geschwindigkeit Ihrer Internetverbindung dauert es zwischen 20 und 60 Sekunden, bis die Installationsdatei für das Programm heruntergeladen ist. Anschließend klicken Sie auf.

.

**7** Wenn Sie nun Ihr Internetanzeigeprogramm mit einem Mausklick auf die Schaltfläche

rechts oben im Fenster verkleinern, finden Sie auf Ihrem Windows-Desktop ein **Symbol** mit der Beschriftung „pf-setup-en“,

hinter dem sich die (nur 1,62 **Megabyte** große) Installationsdatei von PhotoFiltre verbirgt. Damit ist der Download von PhotoFiltre beendet, und Sie können das Programm auf Ihrem PC installieren.

## Das Programm PhotoFiltre installieren

Auch der Installationsvorgang ist denkbar einfach und erfordert nur wenig Aufwand.

**1** Als Erstes starten Sie das **Installationsprogramm** mit einem **Doppelklick** auf das Symbol

.

Daraufhin werden Sie gewarnt, Programme unbekannter Herkunft zu installieren, weil dies ein Sicherheitsrisiko darstellt.

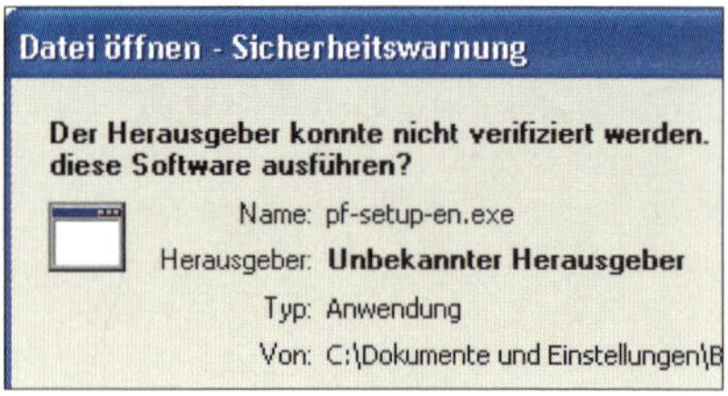


Da Sie aber wissen, woher Sie das Programm bezogen haben, können Sie diese Warnung getrost in den Wind schlagen und direkt auf die Schaltfläche

klicken.

**2** Anschließend meldet sich der Installationsassistent von PhotoFiltre zu Wort. Dies tut er zwar auf Englisch, doch die Aussage ist einfach: Andere Programme, die möglicherweise auf Ihrem PC noch aktiv sind, sollten Sie jetzt schließen.

Fahren Sie fort per Klick auf die Schaltfläche

.

**3** Es folgt die an dieser Stelle unvermeidliche Belehrung über das Lizenzabkommen, die Sie – wie immer – gründlich lesen, ehe Sie den Installationsvorgang mit einem Mausklick auf

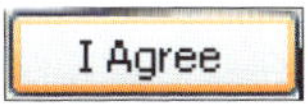


fortsetzen.

**4** Als Nächstes schlägt der Installationsassistent Ihnen vor, auf Ihrer Festplatte das Unterverzeichnis „C:\Programme\PhotoFiltre“ anzulegen und das Programm in diesem **Verzeichnis** zu installieren. Akzeptieren Sie diesen Vorschlag mit einem Klick auf .

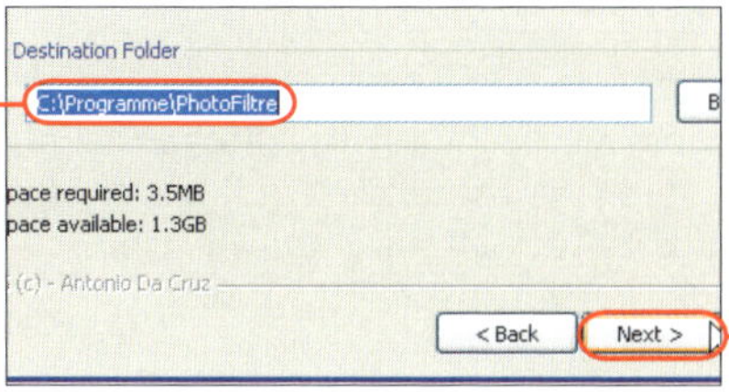


**5** Nun will der Assistent von Ihnen wissen, in welchem **Ordner** im Windows-Startmenü er einen Verweis auf PhotoFiltre unterbringen soll. Er schlägt dazu vor, einen eigenen Ordner anzulegen. Sie können dies akzeptieren, indem Sie auf klicken.

**6** Nun läuft die eigentliche Installation des Programms vollautomatisch ab. Das dürfte kaum länger dauern als eine Viertelminute. Bevor Sie das Fenster, in dem Sie darüber informiert werden, schließen, sollten Sie noch in das Kontrollkästchen

klicken, sodass das Häkchen darin verschwindet: ●.

Sonst würde PhotoFiltre direkt nach Abschluss der Installation in Englisch starten. Stattdessen soll ja zunächst die deutsche Version installiert werden.

**7** Als Letztes genügt ein Mausklick auf die Schaltfläche

.

Ehe Sie sich aber weiter mit dem Programm beschäftigen, sollten Sie auf dem Windows-Desktop Ordnung schaffen. Schließlich brauchen Sie die Installationsdatei nun nicht mehr. Um sie zu entfernen, klicken Sie einfach mit der rechten (!) Maustaste auf das Symbol „pf-setupen" ● und wählen im erscheinenden **Kontextmenü** die Option ●.

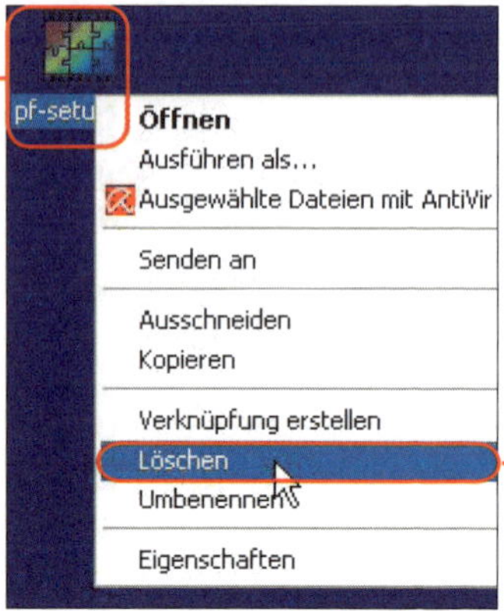


Windows fragt noch kurz nach, ob Sie das auch ernst meinen. Sobald Sie dies mit einem Klick auf „OK" bestätigt haben, ist die Installation beendet.

## PhotoFiltre für deutsche Benutzer

Nun ist PhotoFiltre zwar auf Ihrem Rechner installiert, Sie haben aber auch gesehen, dass das Programm nur in einer englischen Version zur Verfügung steht. Also müssen Sie sich noch ein paar Minuten Zeit nehmen, um diese Version in eine deutsche umzuwandeln. Nichts einfacher als das:

**1** Wiederholen Sie zunächst die Schritte 1 bis 3 von Seite 7/8. Im „Download"-Bereich der Internetseite, von dem Sie bereits PhotoFiltre übertragen haben, bewegen Sie dann den Fensterinhalt mit der **Bildlaufleiste** am rechten Rand ein wenig nach unten. Dort finden Sie im Bereich „Language Files for PhotoFiltre" auch den Eintrag ●,

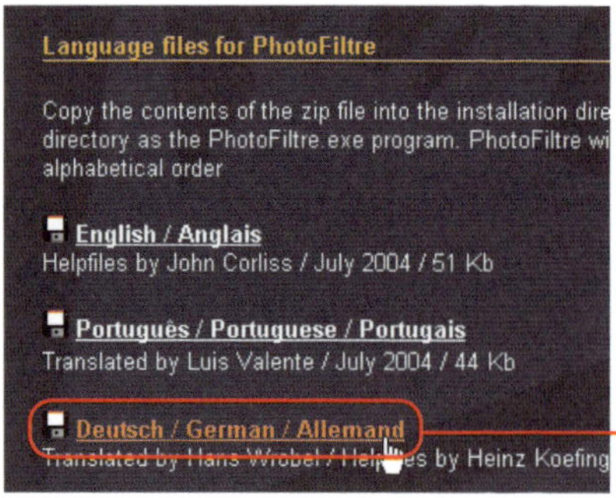

den Sie jetzt anklicken müssen.

**2** Anschließend wiederholen Sie mit der markierten Datei „TranslationDE“ den Schritt 5 von Seite 8 und 10 und wählen als **Speicherort** wieder den Windows-Desktop aus: ●.

**3** Nachdem die Datei „TranslationDE“ heruntergeladen ist, finden Sie auf dem Windows-Desktop ein entsprechendes Symbol. Klicken Sie es mit der rechten (!) Maustaste an, und wählen Sie danach im aufklappenden Kontextmenü die Option ●.

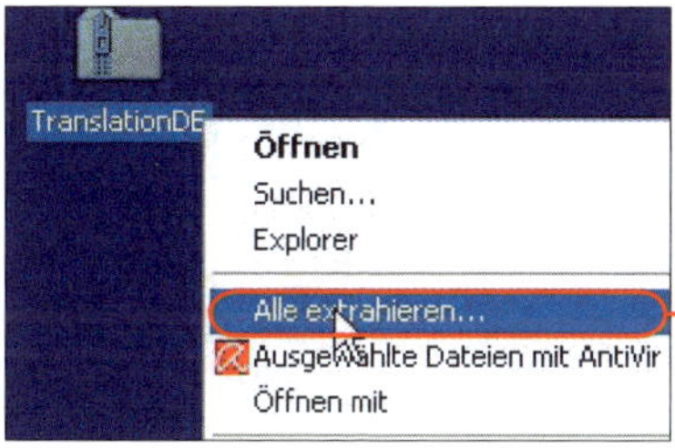


**4** Daraufhin meldet sich der „Extrahier-Assistent“ von Windows, der Ihnen dabei behilflich sein will, komprimierte Dateien auszupacken. Akzeptieren Sie dies, und klicken Sie auf

.

**5** Als Speicherort für die entpackten Dateien schlägt der Assistent den Windows-Desktop vor. Zur Bestätigung reicht wieder ein Mausklick auf

.

**6** Nachdem die Dateien ausgepackt worden sind, können Sie sie sich anzeigen lassen, indem Sie auf

klicken. Im daraufhin geöffneten Explorer-Fenster sind drei Dateien zu sehen. Lassen Sie dieses Explorer-Fenster zunächst einfach auf dem Bildschirm stehen.

**7** Als Nächstes klicken Sie doppelt, also zweimal kurz hintereinander, auf das

Symbol „Arbeitsplatz“, das sich ebenfalls auf Ihrem Desktop befindet.

Im Explorer-Fenster, das daraufhin angezeigt wird, finden Sie auch ein Symbol für die Festplatte „C:“ Ihres Computers. Mit einem Doppelklick darauf

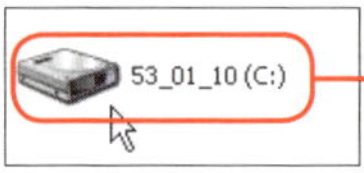


öffnen Sie den Ordner, in dem die **Verzeichnisstruktur** Ihrer Festplatte enthalten ist.

**8** In diesem Ordner finden Sie nun - möglicherweise nach einigem Suchen - das Verzeichnis „Programme“,

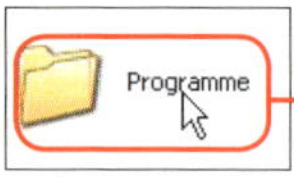


das Sie abermals per Doppelklick öffnen. Dort suchen Sie dann den Ordner „PhotoFiltre“ (Windows listet die Verzeichnisse üblicherweise in alphabetischer Reihenfolge auf). Auch diesen Ordner

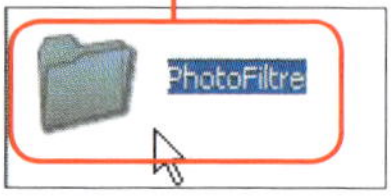


klicken Sie doppelt an.

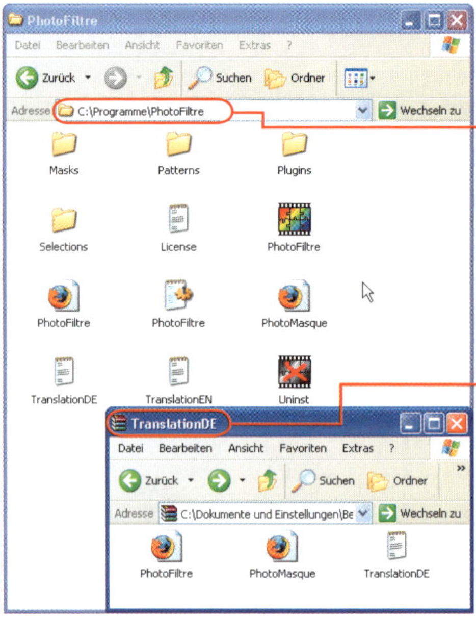


**9** Jetzt sollten Sie zwei Explorer-Fenster auf Ihrem Bildschirm sehen: den Ordner „C:\Programme\PhotoFiltre“ sowie den Ordner „TranslationDE“.

Markieren Sie alle Dateien im Ordner „TranslationDE“, indem Sie die Dateien mit gedrückter Strg-Taste nacheinander anklicken. Markierte Dateien werden farbig hinterlegt dargestellt.

**10** Danach klicken Sie eine der markierten Dateien an, halten die linke Maustaste gedrückt und ziehen die Dateien mit weiterhin gedrückter Maustaste in den Ordner „C:\Programme\PhotoFiltre". Der Mauszeiger verändert dabei seine Form: ●.

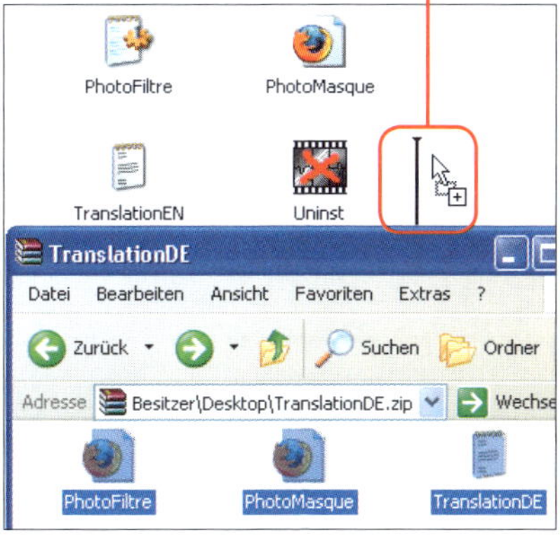


Wenn Sie im Zielfenster angelangt sind, können Sie die Maustaste loslassen.

**11** Daraufhin werden Sie gefragt, ob Sie die beiden **HTML**-Dateien „PhotoFiltre" und „PhotoMasque" ersetzen wollen. Bestätigen Sie dies jeweils mit einem Mausklick auf die Schaltfläche ●.

**12** Zum Schluss können Sie die beiden Explorer-Fenster auf Ihrem Monitor schließen. Da der Ordner „TranslationDE" nun leer ist, sollten Sie ihn - ebenso wie die komprimierte Datei gleichen Namens - von Ihrem Desktop löschen. Klicken Sie dazu die Symbole mit der rechten (!) Maustaste an, und wählen Sie dann im geöffneten Kontextmenü den Eintrag ●.

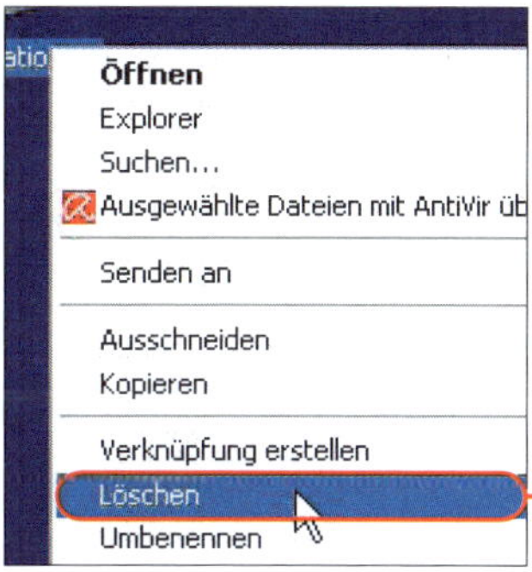


## PhotoFiltre starten und beenden

Nachdem Sie das Programm installiert und für deutsche Benutzer eingerichtet haben, kann`s losgehen.

**1** Um PhotoFiltre zu starten, klicken Sie als Erstes auf

,

führen danach den Mauszeiger über den Eintrag

und klicken in der sich öffnenden Programmliste auf ● und anschließend auf das **Programmsymbol** ●.

**2** Nach dem Start sehen Sie die Programmoberfläche. Die graue Fläche in der Mitte ist der Platz, auf dem Ihre Bilder angezeigt und bearbeitet werden. Seitlich liegen die Werkzeuge ● bereit, mit denen Sie die Bearbeitung vornehmen. Die beiden **Symbolleisten** ● oberhalb der Arbeitsfläche enthalten die wichtigsten Steuerungselemente. Darüber befindet sich wie gewohnt die **Menüleiste**, über die Sie die verschiedenen Programmfunktionen aufrufen können.

Viele Bedienelemente sind zum jetzigen Zeitpunkt nur grau und können

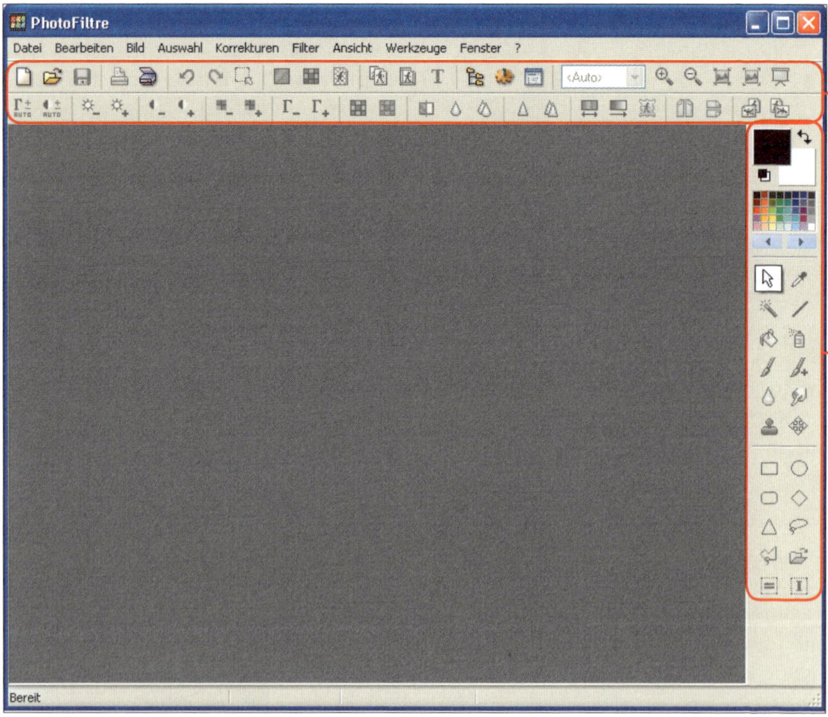

nicht angeklickt werden. Das aber ändert sich, sobald Sie ein Bild zur Bearbeitung öffnen.

**3** Damit PhotoFiltre wieder geschlossen wird, klicken Sie in der Menüleiste auf ● und im Menü, das daraufhin aufklappt, auf den Eintrag ●.

## Bilder auf den PC übertragen

Nun können Sie mit dem Programm PhotoFiltre die ersten Experimente machen. Dazu benötigen Sie logischerweise eine Bilddatei, die sich auf Ihrem PC befindet. Beispielhaft soll im Folgenden gezeigt werden, wie Sie zu diesem Zweck Fotos Ihrer Digitalkamera mit den Bordmitteln des **Betriebssystems** Windows auf den eigenen Rechner überspielen.

Zum Lieferumfang einer jeden Digitalkamera gehören zumindest ein Übertragungskabel und eine **CD** mit einigen Hilfsprogrammen. Darunter ist stets auch ein Programm, das die Übertragung der Bilder aus der Kamera zum PC ermöglicht. Am einfachsten ist es allerdings, wenn Sie sich bei der Dateiübertragung auf Windows verlassen.

**1** Um die Verbindung zwischen Ihrer Digitalkamera und Ihrem Rechner herzustellen, stecken Sie zunächst den großen USB-Stecker ●

### Spezielles USB-Kabel

Das zu Ihrer Kamera mitgelieferte Übertragungskabel ist aller Wahrscheinlichkeit nach ein so genanntes **USB**-Kabel. Es unterscheidet sich von den handelsüblichen USB-Kabeln jedoch dadurch, dass es zwei verschiedene Stecker aufweist. Auf der einen Seite des Kabels sehen Sie einen gewöhnlichen USB-Stecker, wie Sie ihn vielleicht schon von der Maus oder vom **Scanner** her kennen. Der Stecker auf der anderen Seite ist zwar auch ein USB-Stecker, aber deutlich kompakter, damit er in das kleine Kameragehäuse passt.

in die entsprechende Buchse an Ihrem PC. Bei den meisten der heute handelsüblichen Rechner dürfte dies kein Problem sein, da sie in der Regel eine oder zwei USB-**Schnittstellen** an der Frontseite haben. So sparen Sie sich die lästige Fummelei auf der Rückseite des Rechners.

**2** Als Nächstes verbinden Sie den kleineren USB-Stecker mit dem passenden Kontakt im Kameragehäuse. Diese Buchse ist bei den meisten Kameras durch eine kleine Klappe verdeckt, damit keine Fremdkörper in die Kamera geraten können. Der Kontakt lässt sich aber leicht identifizieren, da er mit dem Standardsymbol für eine USB-Schnittstelle gekennzeichnet ist.

**3** Wenn Sie nun beide Geräte - PC und Kamera - eingeschaltet haben, wird Windows nach einigen Momenten feststellen, dass ein neuer externer **Datenträger** angeschlossen wurde. Im entsprechenden Auswahlmenü entscheiden Sie sich mit einem Mausklick für die Option ●.

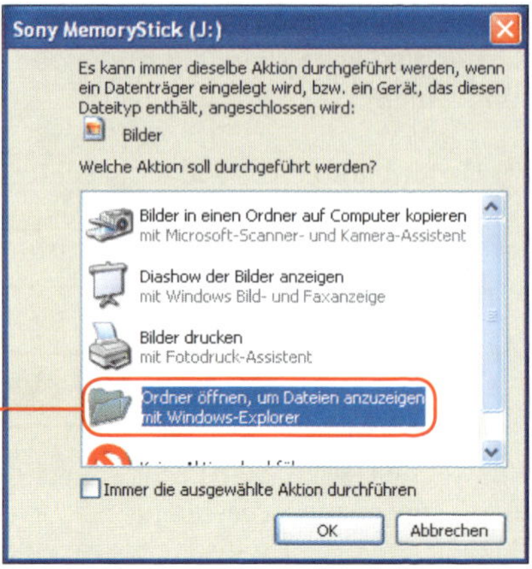


Daraufhin sehen Sie das, was auf Ihrer Kamera gespeichert ist, in einem Windows-Dateiordner. Je nach Programmierung Ihrer Kamera handelt es sich dabei um einen oder mehrere Ordner, von denen einer die Buchstaben „IM“ oder „IMG“ im Namen trägt. Im Beispiel ist es der Ordner ●.

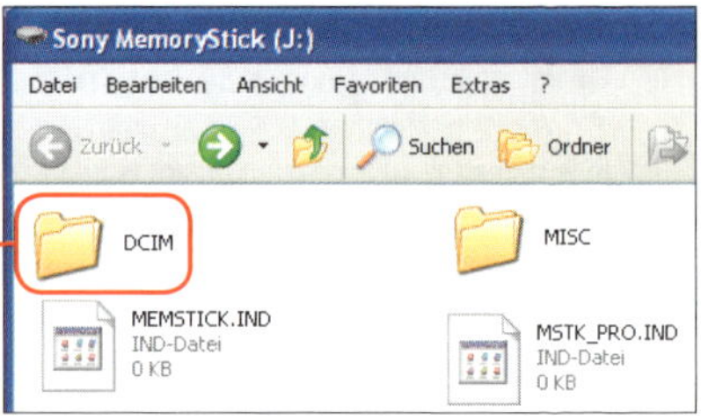


Hier werden normalerweise Ihre digitalen Bilder abgelegt.

**4** Mit einem Doppelklick können Sie den Ordner „**DCIM**“ öffnen. Anschließend sehen Sie die Symbole Ihrer aufgenommenen Bilddateien.

Wie die Dateien benannt sind, ist wiederum von der Programmierung Ihrer Kamera abhängig. Meist sind sie mit einem kameraspezifischen Buchstabencode (z.B. „DSC“ oder „IMG“) und einer Nummer gekennzeichnet.

**5** Windows hat schon bei der Installation auf Ihrer Festplatte in dem Ordner „Persönliche Daten“ ein Unterverzeichnis mit dem Namen „Eigene Bilder“ angelegt. In diesen Ordner sollen jetzt die Bilder Ihrer Kamera. Um darauf zuzugreifen, klicken Sie zunächst auf

und danach im geöffneten Startmenü auf den Eintrag ●.

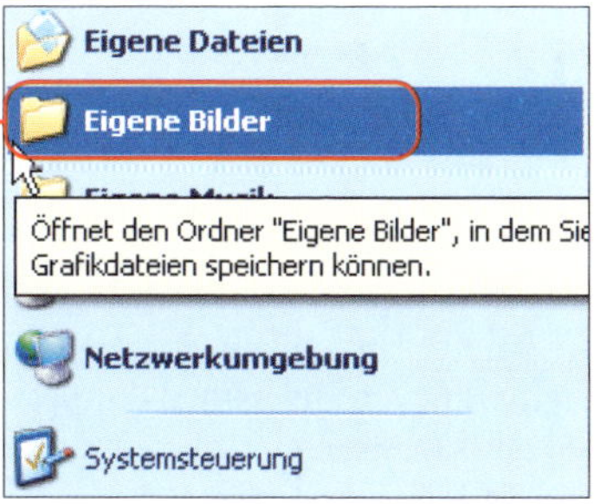


Nun sind auf Ihrem Bildschirm zwei Fenster zu sehen: zum einen die Bilddateien im Speicher Ihrer Digitalkamera und zum anderen das - vermutlich noch leere - Verzeichnis „Eigene Bilder“ auf Ihrer Festplatte.

**6** Um jetzt alle Bilder von der Kamera zum PC zu übertragen, klicken Sie einmal mit der linken Maustaste auf ein beliebiges Dateisymbol im Kameraspeicher. Anschließend drücken Sie auf der Tastatur Ihres Rechners die Taste [Strg], halten diese fest und drücken dann die Taste [A]. Daraufhin sind alle Dateisymbole im Kameraspeicher markiert: ●.

**7** Klicken Sie nun erneut auf eines der Dateisymbole, halten Sie die Maustaste gedrückt, und ziehen Sie die Datei mit weiterhin gedrückter Maustaste in das leere Verzeichnisfenster „Eigene Bilder“: ●.

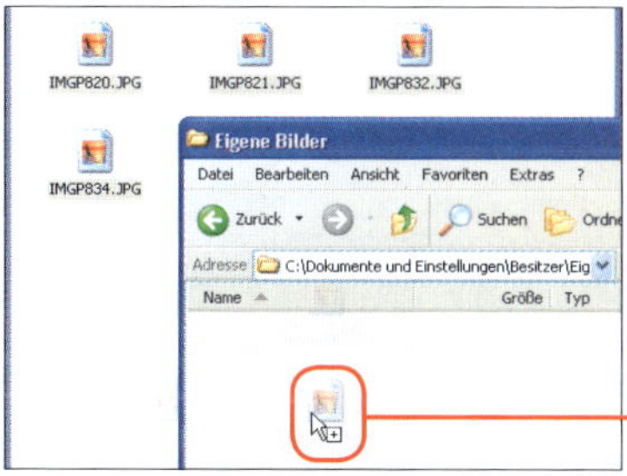

Dort lassen Sie die Maustaste los. Windows kopiert daraufhin alle markierten Dateien von Ihrer Digitalkamera auf Ihre Festplatte, und Sie haben genügend Material, um die ersten Schritte mit Photo-Filtre zu gehen.

## Bilder zur Sicherheit kopieren

Bei diesen ersten Schritten mit Photo-Filtre sollten Sie natürlich etwas aufpassen, damit Ihre Bilddateien nicht versehentlich zu Schaden kommen. Auf Nummer sicher gehen Sie, wenn Sie einfach ein neues Unterverzeichnis anlegen und die Dateien aus Ihrer Kamera noch einmal in diesen Ordner kopieren.

**1** Dazu klicken Sie mit der rechten (!) Maustaste in das Verzeichnisfenster, in dem der Windows-Explorer den Inhalt des Ordners „Eigene Bilder" anzeigt. Im Kontextmenü, das sich daraufhin öffnet, wählen Sie als Erstes den Befehl ● und danach in der aufklappenden Liste die Option ●.

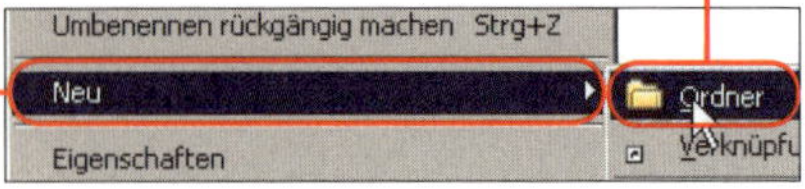


**2** Windows legt nun ein neues Ordnersymbol an, das zunächst den Namen „Neuer Ordner" ●

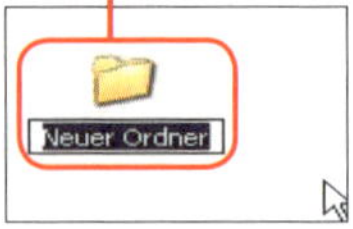


trägt. Da die Bezeichnung bereits markiert ist, können Sie sie sofort überschreiben, beispielsweise mit „Zur Bearbeitung" ●.

**3** Als Nächstes markieren Sie wieder alle Bilddateien, indem Sie sie bei gedrückter [Strg]-Taste mit der Maus anklicken. Um sie danach zu kopieren, klicken Sie in der Menüleiste auf ● und dann auf den Befehl ●.

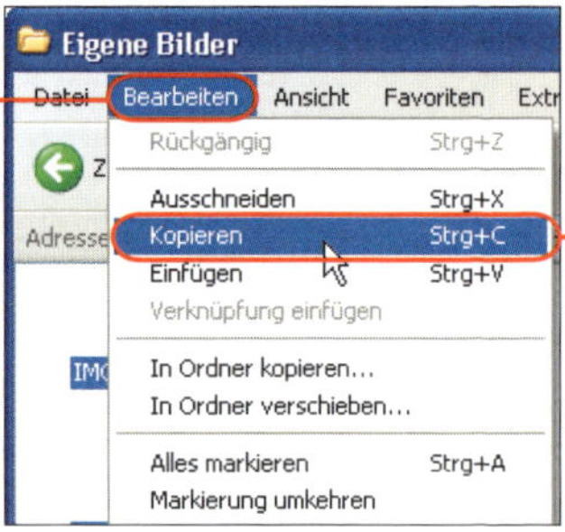


**4** Jetzt geht es darum, die kopierten Fotos in den noch leeren Ordner „Zur Bearbeitung" einzufügen. Damit er geöffnet wird, klicken Sie erstmal doppelt auf das Symbol ●.

Anschließend klicken Sie mit der rechten (!) Maustaste in den Ordner und wählen im aufklappenden Kontextmenü den Befehl ●.

Mit den kopierten Bildern können Sie nun nach Herzenslust und ohne jedes Risiko Ihre ersten Erfahrungen mit PhotoFiltre sammeln.

# Ein Bild in PhotoFiltre anzeigen

Damit Sie Ihre Bilder ganz nach Wunsch bearbeiten können, müssen Sie sie natürlich großformatig auf dem Monitor sehen können. Nichts einfacher als das:

**1** Zum Öffnen einer Bilddatei stehen Ihnen in PhotoFiltre zwei verschiedene Möglichkeiten zur Verfügung. Entweder Sie klicken in der Menüleiste auf ● und im aufgeklappten Menü auf ●,

oder, was noch schneller geht, Sie klicken auf das Symbol ●,

das sich oben links in der Symbolleiste des Programms befindet.

**2** In beiden Fällen öffnet PhotoFiltre anschließend ein Fenster, in dem Sie auf die Ordnerstruktur Ihrer Festplatte zugreifen können. Suchen Sie hier den passenden Ordner aus, und klicken Sie darin doppelt auf die gewünschte Datei, im Beispiel ●.

**3** Daraufhin taucht die ausgewählte Bilddatei im Programmfenster von PhotoFiltre auf. Dass das ganze Bild ins Fenster passt, liegt daran, dass Photo-

Filtre das Bild automatisch an die Fenstergröße anpasst. Im Zoom-Feld

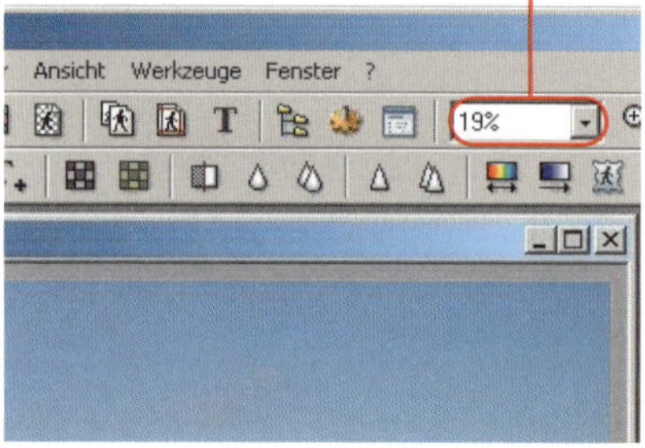


können Sie feststellen, dass die Bilddatei drastisch verkleinert wurde. Das liegt daran, dass ein handelsüblicher PC-Monitor eine Auflösung von mindestens 1024 mal 768 **Bildpunkten** bedienen kann, ein Digitalfoto mit einer Auflösung von beispielsweise sechs **Megapixeln** dagegen 2848 mal 2136 in Anspruch nimmt. Um Ihnen das vollständige Bild anzeigen zu können, hat PhotoFiltre das Bild daher so weit verkleinert, dass es ins Programmfenster passt.

**4** Wenn Sie allerdings kontrollieren möchten, ob das Bild auch in allen Details scharf geworden ist, nutzt Ihnen die verkleinerte Darstellung wenig. Dazu brauchen Sie schon die volle Größe von 100%. Damit Sie das Bild in der vollen Auflösung anschauen können, kommt wieder die **Zoom-Funktion** zum Einsatz. Diese Funktion ist zunächst auf „Auto“ eingestellt und sorgt dafür, wie Sie im letzten Schritt erfahren haben, dass das Bild automatisch ins Programmfenster passt. Um dies zu ändern, klicken Sie am rechten Rand der Symbolleiste auf den kleinen Pfeil

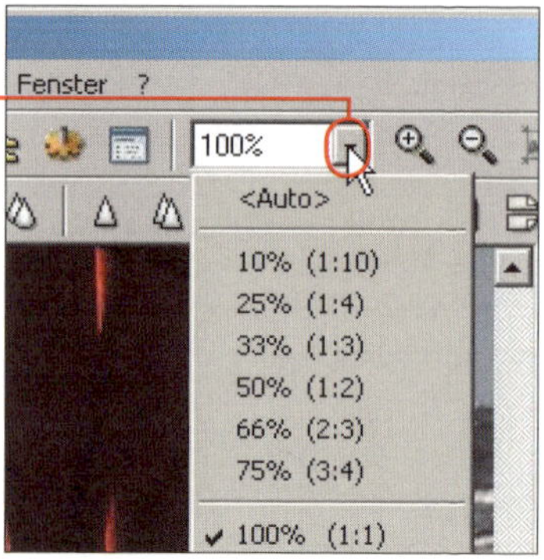


und in der daraufhin geöffneten Liste auf den gewünschten Zoom-Faktor.

**5** Dieselbe Funktion bieten die beiden Lupensymbole rechts neben der Zoom-Schaltfläche. Mit einem Mausklick auf das linke Symbol wird das Bild um jeweils einen Schritt vergrößert, per Klick auf das rechte Symbol hingegen entsprechend verkleinert.

**6** Noch einfacher können Sie es sich machen, wenn Ihre Maus auf der Oberfläche ein Drehrad hat. Durch Drehen dieses Rades nämlich können Sie den Zoom-Faktor von PhotoFiltre jederzeit nach Herzenslust vergrößern oder verkleinern.

# 2 Schärfe, Helligkeit und rote Augen korrigieren

Anders als die klassischen „Knips-Kameras", die mit herkömmlichem Filmmaterial arbeiten, verfügen heute auch schon einfache Digitalkameras über fest eingebaute Mess- und Belichtungsprogramme. Dadurch ist es eigentlich kaum noch möglich, wirklich schlechte Bilder zu machen. Selbst preiswerte Kameras, die für weniger als 200 Euro zu haben sind, sorgen dafür, dass die meisten Aufnahmen richtig belichtet sind. Und hat die Kamera Grund zu der Annahme, dass ein Bild verwackeln könnte, schlägt sie oft schon von sich aus Alarm.

Im zweiten Kapitel dieses Buches erfahren Sie,

- wie Sie unscharfe Bilder nachträglich schärfen,
- wie Sie Helligkeit und Kontrast optimieren können
- und wie Sie rote Augen aus einem Porträt entfernen.

**Kapitel-Wegweiser**

# Bilder schärfer machen

Damit Sie ein scharfes Bild machen können, muss zunächst mal die Entfernung zwischen Objektiv und Objekt stimmen. Hinzu kommt, dass das fotografierte Objekt einigermaßen still halten muss. Bewegt es sich nämlich zu schnell, entstehen die so genannten „Wischer“, und das Bild ist ebenso unscharf, als wenn die falsche Entfernung eingestellt worden wäre. Obwohl der Effekt letztlich derselbe ist: Bilder, die durch eine falsche Entfernungseinstellung unscharf geworden sind, lassen sich einfacher korrigieren als Bilder, die zu lange belichtet wurden. Im Folgenden geht es erstmal um die einfachere Variante.

Auf dem obigen Beispielbild mit dem Blumenkasten ist leicht zu erkennen, warum die Kamera das Motiv nicht richtig scharf hinbekommen hat: Da der Blumenkasten große, mittlere und kleine Pflanzen enthält und zudem aus kurzer Distanz perspektivisch aufgenommen wurde, wusste die Kamera einfach nicht, worauf sie sich konzentrieren sollte. Also entschied sie sich dafür, das Objektiv auf die kleinen blauen Blumen in der Bildmitte zu richten - und die orangefarbenen Blüten außer Acht zu lassen.

**1** Um die Bildschärfe insgesamt zu verbessern, laden Sie das Foto, wie in Schritt 1 und 2 auf Seite 21 gezeigt. Im Beispiel sehen Sie, dass PhotoFiltre das Bild so geöffnet hat, dass es komplett auf den Bildschirm passt - in diesem Fall ist das Bild auf 20 % kleiner gezoomt.

**2** Natürlich müssen Sie kontrollieren können, ob Ihre Bemühungen, das Bild zu schärfen, erfolgreich sind. Daher sollten Sie das Bild nun auf 100% zoomen (siehe Seite 22). Ebenso wichtig ist, dass der zu schärfende Bereich auch im Bild bleibt. Dazu können Sie das vergrößerte

Bild mithilfe der Bildlaufleisten, die sich am Fensterrand unten ● und rechts ●

befinden, mit der Maus quasi unter dem Programmfenster hin- und herschieben. Klicken Sie einfach auf den Rollbalken, und ziehen Sie ihn mit weiterhin gedrückter Maustaste in die gewünschte Richtung.

**3** Sobald Sie den Bereich des Fotos, den Sie bearbeiten wollen, auf dem Bildschirm sehen, klicken Sie in der Menüleiste von PhotoFiltre auf ● und anschließend auf den Befehl ●.

In der daraufhin aufklappenden Liste werden Ihnen vier verschiedene Möglichkeiten angeboten, das Bild nachträglich zu schärfen.

**4** Im unscharf fotografierten Beispielbild genügt der einfache Schärfe-Filter, da die anderen Filter eher für kreative Bildeffekte gedacht sind. Klicken Sie also auf ●,

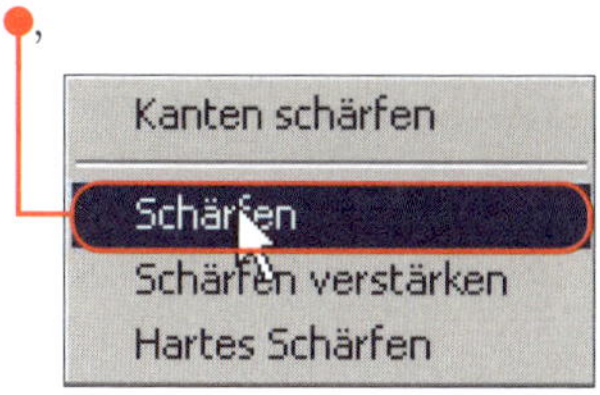


und warten Sie einen Augenblick ab. Der Mauszeiger verwandelt sich nun in eine Eieruhr, die Ihnen zeigen soll, dass das Programm gerade für Sie arbeitet. Das Ergebnis sehen Sie unmittelbar auf dem Bildschirm - sowie die Eieruhr verschwunden ist.

**5** Bei genauerer Betrachtung werden Sie jetzt feststellen, dass das Bild tatsächlich etwas schärfer geworden ist, aber immer noch nicht scharf genug. Also versuchen Sie nachzubessern und klicken im Filtermenü unter ● abermals auf die Option ●.

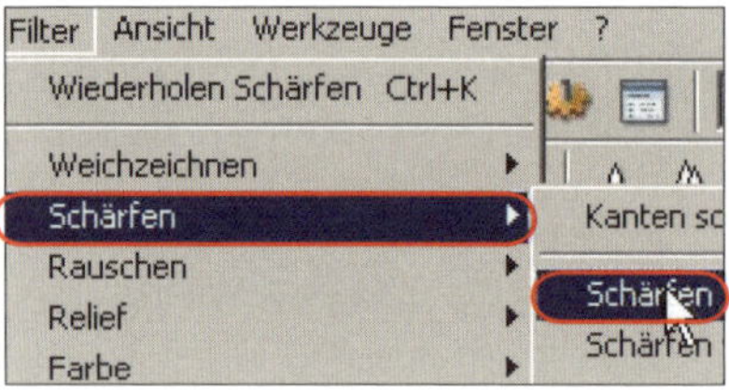


Das Ergebnis: Die orangefarbenen Blüten sind nun wesentlich schärfer geworden.

**6** Im Regelfall reicht die zweimalige Anwendung des Schärfen-Filters aus. Zu oft angewandt kommt es nämlich zum gegenteiligen Effekt. Rechts oben sehen Sie, was vom ursprünglichen Bild übrig bleibt, wenn man den Schärfen-Filter viermal anwendet:

PhotoFiltre hat einfach alles schärfer gestellt, was es finden konnte - und das Ergebnis ist nicht jedermanns Sache.

### Hartes Schärfen

Einen ähnlichen Effekt wie beim viermaligen „einfachen“ Schärfen erzielen Sie übrigens, wenn Sie im geöffneten Filtermenü auf ●

und anschließend auf den Eintrag

klicken. Probieren Sie es ruhig einmal aus (an einer Kopie). Vielleicht lässt sich dieser Effekt mal nutzen, um einem Bild einen besonders „kreativen Anstrich“ zu verpassen.

**7** In den letzten Schritten haben Sie gelernt, eine Bildunschärfe zu korrigieren, die durch falsche Entfernungseinstellung zustande gekommen ist. Es gibt aber auch Bilder, die deswegen unscharf sind, weil der Fotograf zum falschen Zeitpunkt niesen musste oder weil sich ein Motivelement zu schnell bewegt hat, um scharf aufs Bild zu kommen. Haben Sie beispielsweise schon mal versucht, Möwen im Flug zu fotografieren? Dann werden Sie wissen, dass das Bild ●

schon vergleichsweise scharf geraten ist. Aber nicht scharf genug. Außerdem ist die Möwe im Verhältnis viel zu klein, denn das Beispielbild ist bereits auf 100% gezoomt - auch das ist bei Möwenfotos eher die Regel.

**8** Da die Möwe auf dem Bild so winzig erscheint, empfiehlt es sich hier, behutsam vorzugehen und nicht das gesamte Bild, sondern nur die Kanten vorsichtig zu schärfen.

Klicken Sie dazu als Erstes in der Menüzeile auf ●, dann im geöffneten Filtermenü auf ●

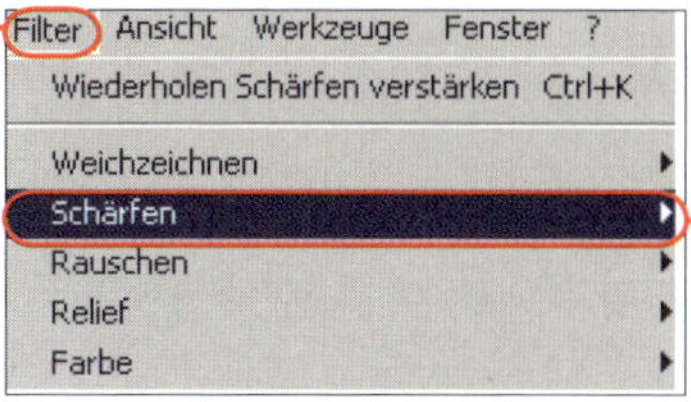


und schließlich auf ●.

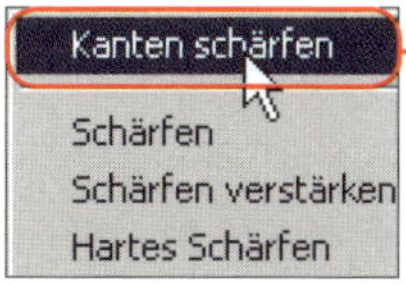


Wie Sie sehen, ist die Möwe nun etwas besser konturiert.

## Falsche Belichtung korrigieren

Grundsätzlich hat die Blendenautomatik die Aufgabe zu ermitteln, wie viel Licht auf den Sensorchip Ihrer Kamera fallen muss, damit ein scharfes und gut ausgeleuchtetes Bild zustande kommt. Dafür kann sie entweder die Objektiv-Öffnung, durch die das Licht auf den Sensorchip fällt (also die Blende), größer oder kleiner machen, oder sie ändert die Belichtungszeit: Sollte das Motiv relativ dunkel sein, wird die Belichtungszeit verlängert; steht dagegen Licht im Überfluss zur Verfügung, wird die **Belichtungszeit** entsprechend verkürzt. Aus den beiden Werten **Blendenöffnung** und Belichtungszeit versucht die Kamera-Automatik nun die optimale Kombination zu ermitteln.

Obwohl die Blendenautomatik einer Digitalkamera im Prinzip sehr hilfreich ist, sorgt sie nicht in jedem Fall zwangsläufig für die richtige Belichtung. Schwierigkeiten ergeben sich zum Beispiel bei Aufnahmen in der Dämmerung, bei Bilder mit extrem hellen und extrem dunklen Elementen sowie bei Fotos am Meer oder im Gebirge. Aber Sie haben Korrekturmöglichkeiten:

**1** Um beispielsweise das folgende überbelichtete Strandfoto

zu optimieren beziehungsweise den Kontrast zwischen dem intensiven Rot des Seils und dem perfekten Blau des Himmels zu intensivieren, bietet Ihnen PhotoFiltre die Funktion der so genannten Gammakorrektur an, mit der Sie die Helligkeitswerte des Bildes beeinflussen können. Klicken Sie dazu in der Menüzeile auf ● und anschließend im geöffneten Menü auf den Eintrag ●.

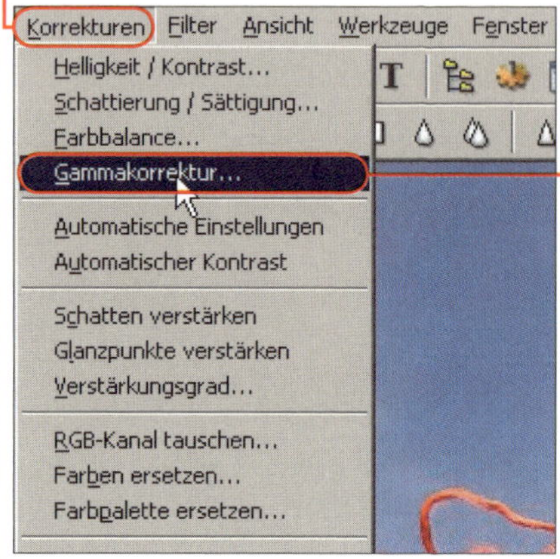


**2** Im gleichnamigen Fenster, das sich daraufhin öffnet, können Sie mittels eines Schiebereglers die gewünschte Korrektur vornehmen.

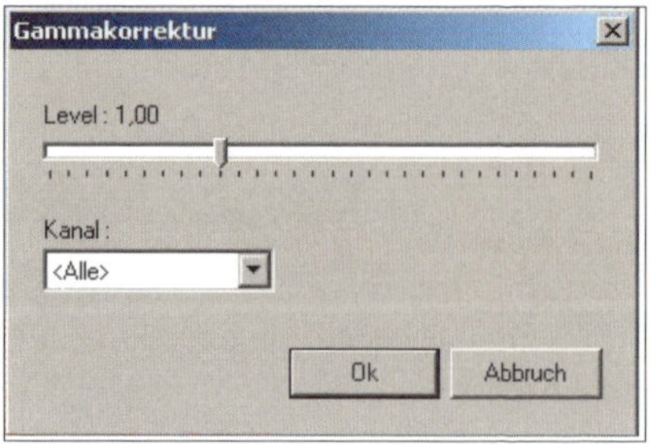

Wenn Sie den Schieberegler anklicken, die Maustaste gedrückt halten und den Regler mit weiterhin gedrückter Maustaste nach links schieben, machen Sie die Gammakurve steiler. Damit verstärken Sie die Helligkeitsunterschiede, während eine „flache" Gammakurve diese Unterschiede eher nivelliert.

**3** Je steiler die Gammakurve wird, desto deutlicher heben sich die Farben voneinander ab. Dabei können Sie den Regler, der in der Ausgangsposition auf dem Wert „1,00" steht, jeweils in Schritten von 0,1 nach links oder rechts verschieben.

Den Effekt sehen Sie in dem Moment auf dem Bildschirm, in dem Sie die linke Maustaste loslassen. Im Beispielbild reicht es offenbar völlig aus, wenn der Gammawert auf „0,60" ● reduziert wird. Sollte Ihnen das jedoch nicht ausreichen, können Sie den Regler mit der Maus erneut verschieben, bis Sie mit dem Ergebnis zufrieden sind. Danach bestätigen Sie die Einstellung per Klick auf die Schaltfläche ●.

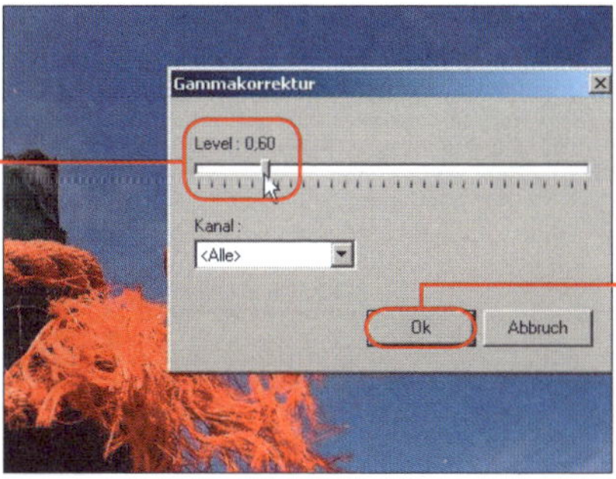


**4** Allerdings sollten Sie bei der Einstellung behutsam vorgehen, denn eine zu steile Gammakurve kann einen stark verfremdenden Effekt haben:

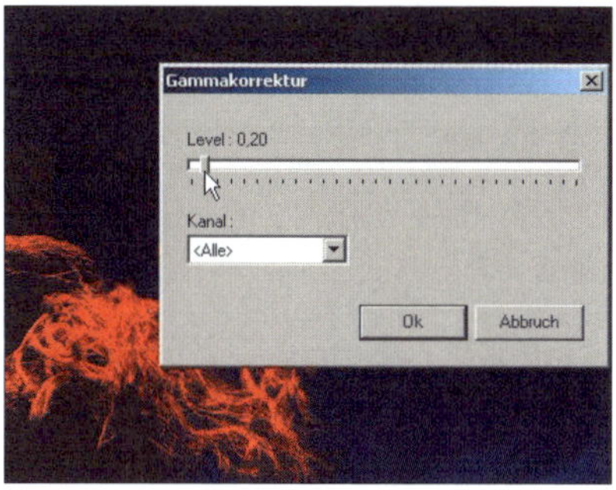


Im Gegenzug lässt sich ein Bild auch „pastelliger" gestalten, wenn Sie den Gammawert - vorsichtig - erhöhen: ●.

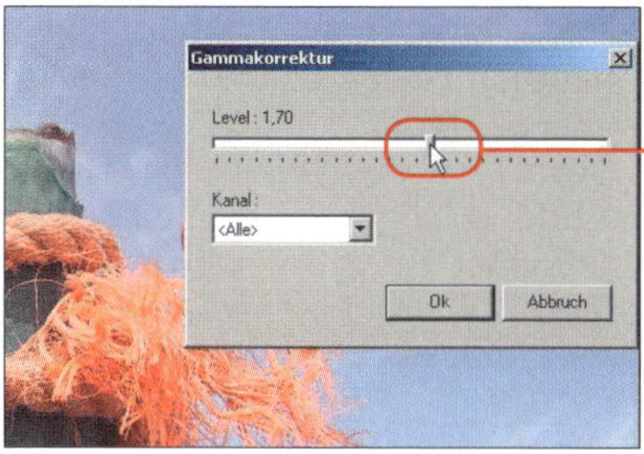


**5** Doch nicht nur zur Korrektur über- oder unterbelichteter Bilder lässt sich die Gammakorrektur einsetzen. Mitunter können Sie damit auch verborgene Bilddetails sichtbar machen. Im Beispielbild auf der nächsten Seite sehen Sie einen Fußgängertunnel, der unter einer Gleisanlage hindurchführt. Um den „Tunnelblick" zu verdeutlichen, wurde die Kamera für die Aufnahme auf den Boden gestellt. So ergeben sich die eigenwillige Perspektive, die scharfen Details im Vordergrund und die gute Zeichnung der grünen Landschaft am anderen Ende des Tunnels.

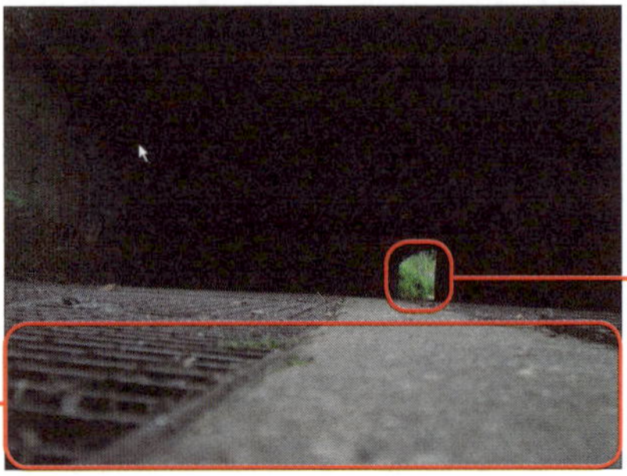

**6** Da dieses Bild den Vorstellungen des Fotografen entspricht, gibt es eigentlich keinen Grund, es zu manipulieren. Wenn Sie aber feststellen wollen, ob noch irgendwelche Details im Bild verborgen sind, schieben Sie den Regler mit gedrückter Maustaste bis zum Wert „3,00“ und klicken dann zur Bestätigung auf .

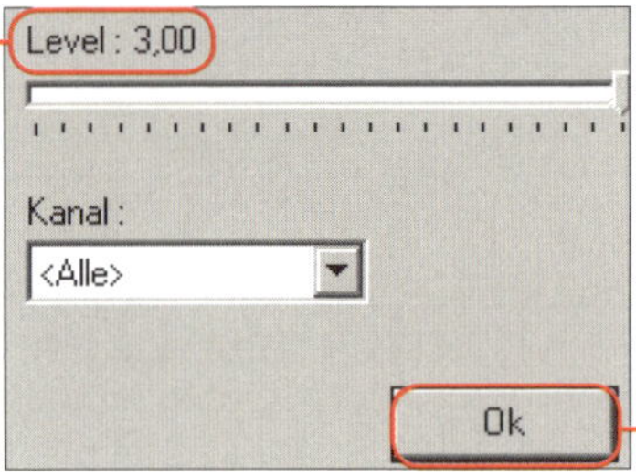


Wie Sie sehen, hilft die Gammakorrektur also auch dabei, Bilddetails, die durch eine zu knappe Belichtung verloren geglaubt waren, wieder ans Tageslicht zu holen: .

**7** Wenn Sie Spaß am Experimentieren haben, können Sie im Fenster „Gammakorrektur“ auch die Gammakurve einzelner Farbkanäle beeinflussen. Welche Farbe Sie ändern wollen, entscheiden Sie, indem Sie mit einem Klick auf den Pfeil

eine Liste öffnen und darin die gewünschte Farbe anklicken. Allerdings gehört auch diese Funktion eher in den Bereich der kreativen Bildgestaltung.

# Helligkeit verändern

Mitunter reicht eine nachträgliche Korrektur der Gammakurve nicht aus, um überbelichtete Bilder zu retten. Aber auch in dem Fall lässt Sie PhotoFiltre nicht im Stich:

**1** Wie Sie am Beispielfoto des Strandkorbvermieters sehen, sind die Farben zwar grundsätzlich in Ordnung, aber das Bild hat einfach insgesamt etwas zu viel Licht abbekommen.

Um dies zu ändern, klicken Sie in der Menüzeile auf ● und im geöffneten Menü auf den Eintrag ●.

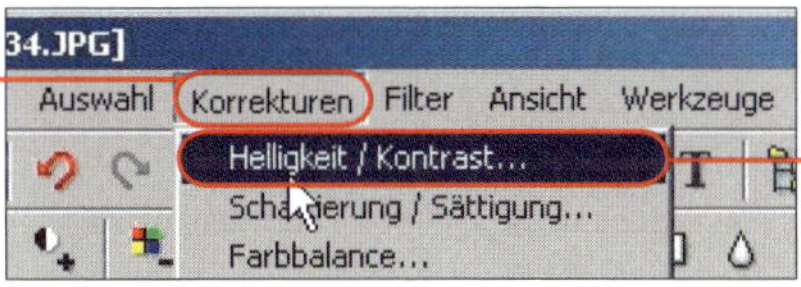


**2** Im Fenster, das daraufhin angezeigt wird, finden Sie zwei Schieberegler, die jeweils mit gedrückter Maustaste bewegt werden.

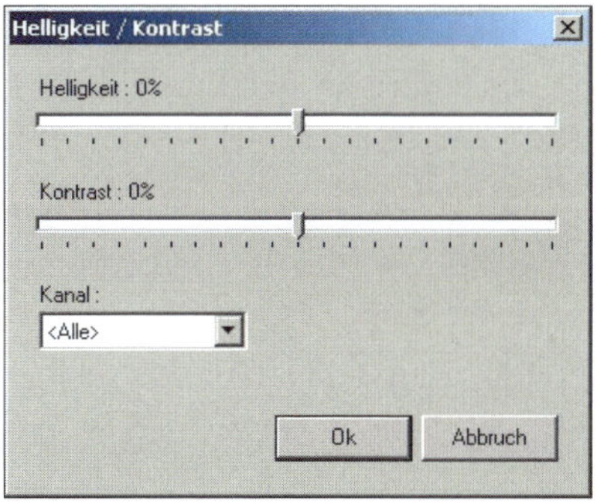


Die Einstellungsmöglichkeiten dieser Regler decken sich im Wesentlichen mit der Fernbedienung Ihres Fernsehers. Bedenken Sie jedoch, dass Veränderungen in der Helligkeit stets auch Veränderungen im Kontrast notwendig machen.

**3** Reduzieren Sie also lediglich - wie hier im Beispielbild - die Helligkeit um 25% ●,

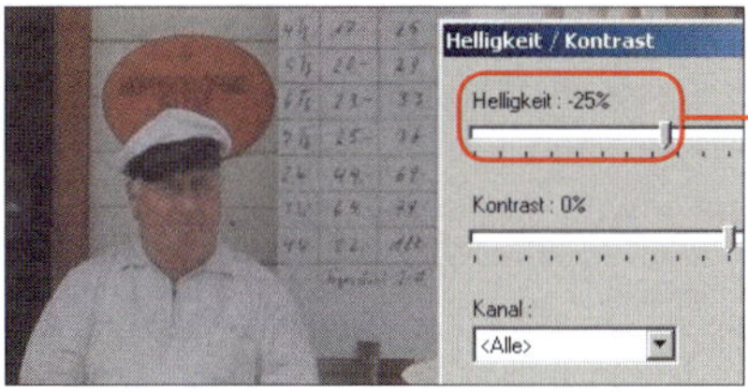

**Feineinstellung mit den Cursortasten**

Um den Kontrastumfang wie im vorliegenden Beispiel um genau 29% zu erhöhen, ist die Steuerung des Schiebereglers mithilfe der Maus recht unbequem. Hier helfen die Pfeiltasten auf der Tastatur weiter. Klicken Sie mit der Maus einfach auf den Schieberegler, und nehmen Sie die gewünschte Einstellung grob vor. Nun ist der Schieberegler auch für die Pfeiltasten zugänglich. Mit jedem Druck auf die nach rechts oder links weisenden Pfeiltasten wird der Schieberegler um 1% bewegt.

legen Sie damit nur eine Art Grauschleier über das Bild. Die gewünschte Korrektur erreichen Sie erst, wenn Sie gleichzeitig auch den Kontrastwert

erhöhen. Als Faustregel kann man sich merken, dass der Kontrast ungefähr in dem Maße erhöht werden muss, in dem die Helligkeit reduziert wurde. Sobald Ihnen das Ergebnis gefällt, bestätigen Sie die Einstellungen per Klick auf

.

## Rote-Augen-Effekt verhindern

Wohl jeder erinnert sich noch an Personenaufnahmen, bei denen der eingebaute Blitz die Augen des Porträtierten so rot aufstrahlen ließ wie die eines Angora-Kaninchens. In Zeiten moderner Digitalkameras kommt dieses Phänomen zwar seltener, aber immer noch vor.

Um nun die roten Augen, die im Beispielfoto rechts immerhin bei zwei Personen aufblitzen, verschwinden zu lassen, ist bei PhotoFiltre ein wenig Handarbeit angesagt. Die meisten anderen Bildbearbeitungsprogramme bieten an dieser Stelle fertige Funktionen an (siehe auch Seite 101), doch diese weisen allesamt den Nachteil auf, dass Sie als Anwender gezwungen sind, dem Programm das Denken zu überlassen. Und das muss nicht immer funktionieren.

Wenn Sie den störenden Rote-Augen-Effekt manuell korrigieren wollen, müssen Sie jedes rote Auge einzeln bearbeiten. Ihnen stehen zur Bearbeitung drei verschiedene Möglichkeiten zur Verfügung. Allen gemein ist, dass Sie den Bereich, der korrigiert werden soll, als Erstes markieren müssen.

**1** Zunächst klicken Sie so oft auf das Lupensymbol ●,

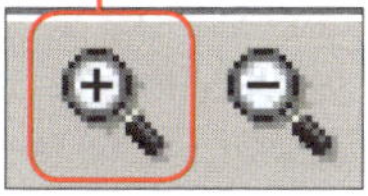

bis Sie die Pupille möglichst groß im Programmfenster sehen. Im Beispielfall erweist sich ein Zoom-Faktor von 600% als sinnvoll: ●.

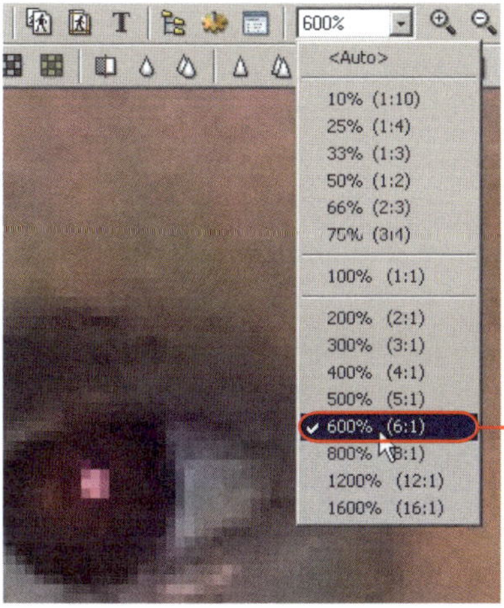


**2** Anschließend wählen Sie im Werkzeug-Fenster am rechten Bildschirmrand das passende Werkzeug aus. Da Pupillen üblicherweise rund sind, empfiehlt sich die „Ellipse“ ●,

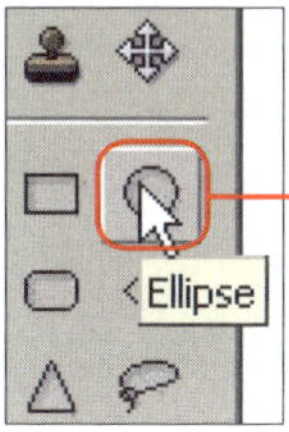


die Sie mit einem Mausklick auf das Symbol aktivieren.

**3** Als Nächstes setzen Sie einfach den Mauszeiger an den Rand der Pupille, klicken mit der linken Maustaste und halten die Maustaste gedrückt. Jetzt können Sie den ausgewählten Bereich, etwa ●,

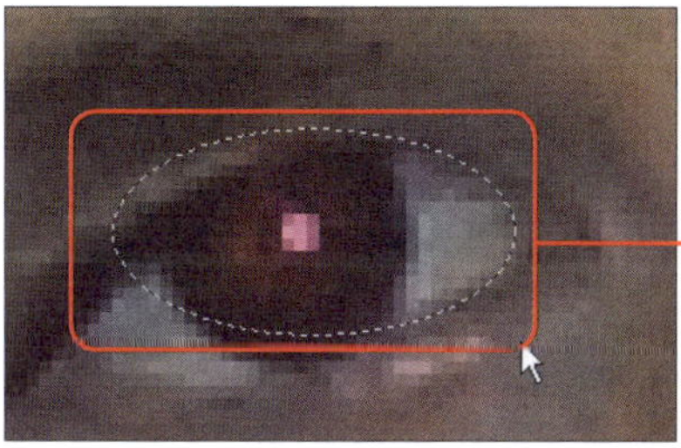

mit weiterhin gedrückter Maustaste nach Belieben vergrößern, verkleinern oder zur Ellipse verformen. Wenn Sie mit einer sehr hohen Auflösung arbeiten, lassen sich sogar die einzelnen Bildpunkte - die so genannten Pixel - des Bildes erkennen.

**4** Sobald Sie die Maustaste loslassen, ist der ausgewählte Bereich festgelegt, und der Mauszeiger verwandelt sich in einen stark verkürzten Pfeil ●,

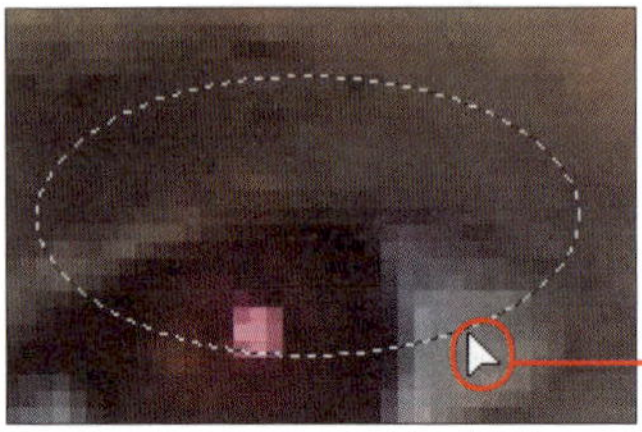

mit dem Sie den definierten Bereich im Programmfenster - wiederum mit gedrückter Maustaste - hin- und herschieben können.

**5** Sollte sich dabei herausstellen, dass der definierte Bereich überhaupt nicht Ihren Erfordernissen entspricht, klicken Sie einfach mit dem Mauszeiger außerhalb dieses Bereichs und legen einen neuen Bereich fest. Spätestens nach zwei oder drei Versuchen wird es Ihnen gelingen, die Pupille exakt zu markieren: ●.

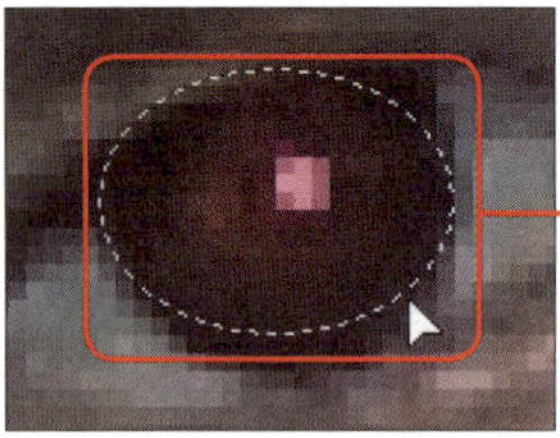

**6** Für diesen markierten Bereich stehen Ihnen nun verschiedene Möglichkeiten der Korrektur zur Verfügung. Zunächst kommt wieder die Ihnen bereits bekannte Funktion „Gammakorrektur" zum Einsatz: Klicken Sie dazu in der Menüzeile auf ● und im geöffneten Menü auf den Befehl ●.

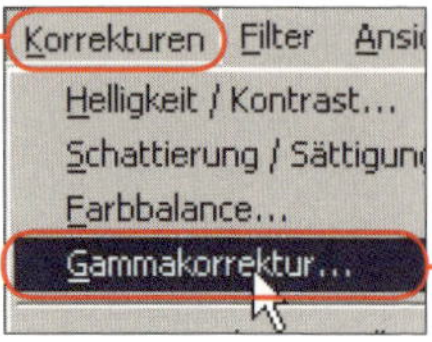


**7** Im Fenster, das daraufhin angezeigt wird, öffnen Sie per Klick auf den Pfeil ● eine Liste und wählen dort den roten Kanal ● aus.

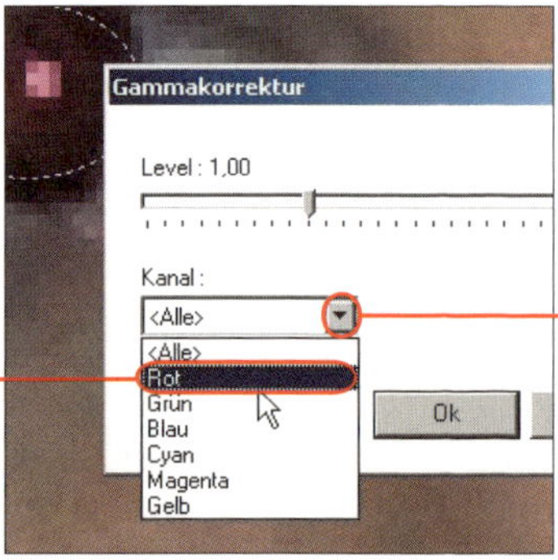


**8** Wenn Sie jetzt den Gammawert auf „0,30" ● reduzieren,

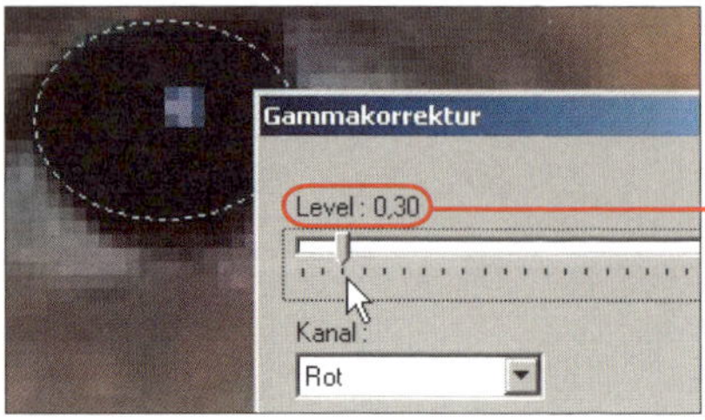

lässt sich das rote Auge ohne Weiteres in ein normales Auge verwandeln. Klicken Sie dazu auf den Schieberegler, halten Sie die Maustaste gedrückt, und ziehen Sie den Regler mit weiterhin gedrückter Maustaste nach links, bis die Rotfärbung verschwunden ist. Zur Bestätigung dieser Einstellung genügt ein Klick auf

.

**9** Eine andere Möglichkeit, rote Augen einzufärben, besteht darin, den Graustufenfilter zu verwenden. Nachdem Sie die Bildschirmanzeige vergrößert und das zu korrigierende Auge, wie bis zu Schritt 5 beschrieben, markiert haben,

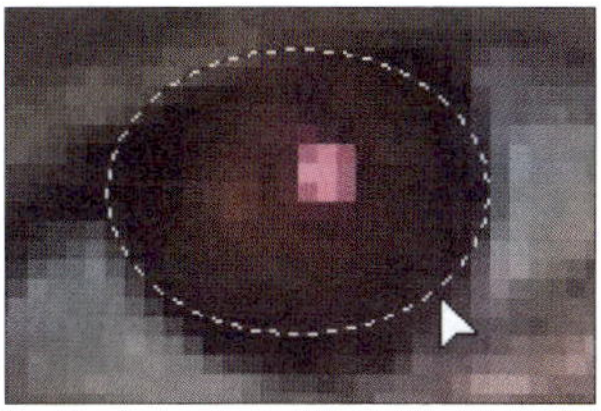

klicken Sie in der Menüzeile auf „Filter", im geöffneten Menü auf ● und schließlich auf ●.

**10** Da die Funktion „Graustufen" in der Regel dazu dient, farbige Bilder in schwarzweiße Bilder umzuwandeln, beschränkt sie sich auf einen vorab definierten Bereich - nämlich die ohnedies schwarze Pupille - und bietet damit den Vorteil, dass die Helligkeitswerte erhalten bleiben.

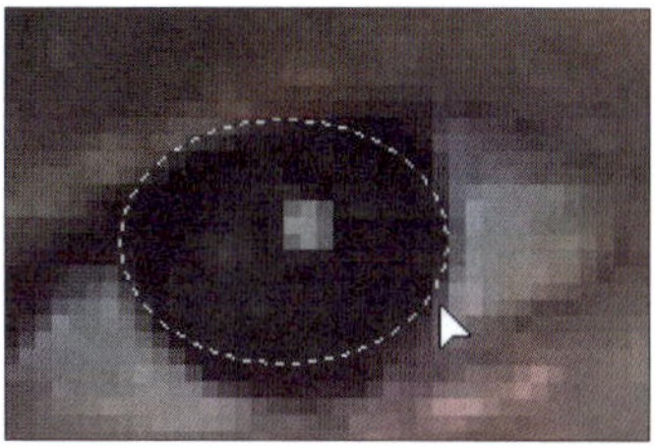

**11** Es gibt noch eine dritte Möglichkeit, den Rote-Augen-Effekt zu berichtigen. Klicken Sie dazu in der Menüzeile auf ● und im geöffneten Menü auf die Funktion ●.

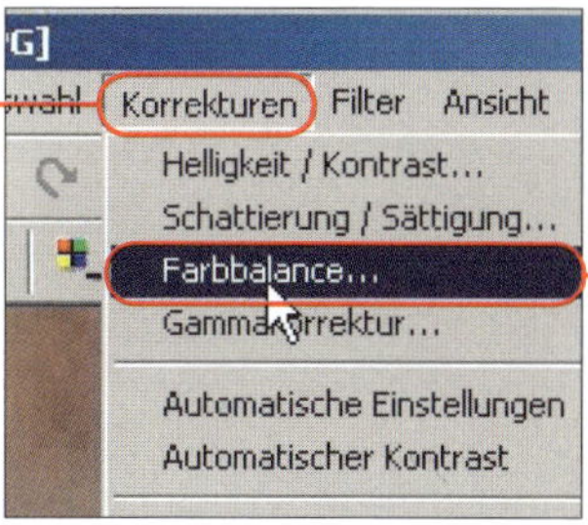


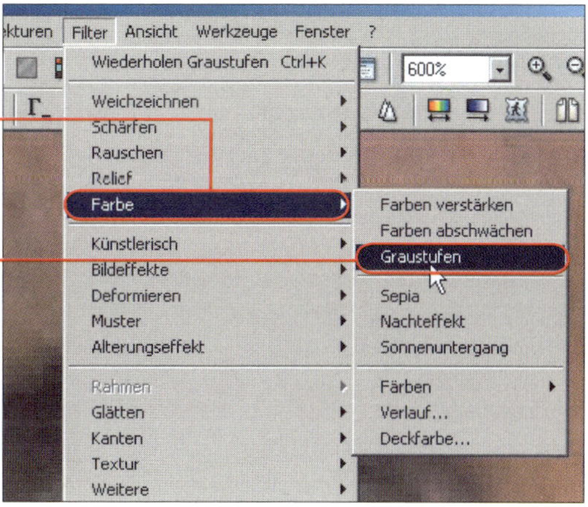

**12** Im Fenster, das daraufhin angezeigt wird, können Sie die Intensität der einzelnen Farbkanäle mit Hilfe von Schiebereglern beeinflussen. Um die roten Augen zu korrigieren, klicken Sie einfach auf den obersten Schieberegler ●,

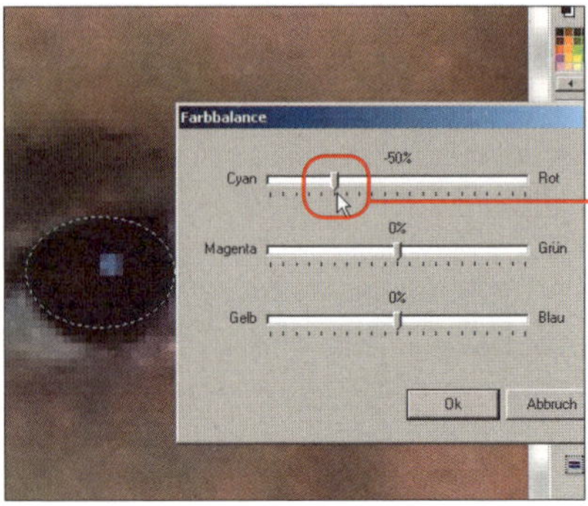


halten die Maustaste gedrückt und ziehen den Regler mit weiterhin gedrückter Maustaste so weit nach links, bis der Rot-Anteil im ausgewählten Bereich verschwunden ist. Bestätigen Sie die Einstellung per Klick auf

.

### ! Methoden austesten

Welche dieser drei Methoden Sie verwenden, bleibt ganz Ihnen überlassen. Am besten probieren Sie alle drei Verfahren aus und wählen dann dasjenige, das Ihnen am einfachsten erscheint. Kontrollieren Sie abschließend das Ergebnis, indem Sie das Bild wieder auf 100% zurück zoomen (siehe Schritt 4 auf Seite 22).

Wenn Sie mit dem Ergebnis Ihrer Bearbeitung zufrieden sind, geht die Korrektur der restlichen roten Augen flotter von der Hand, da Sie nun die richtigen Werte kennen. Sie brauchen nur die Schritte dieser Anleitung zu wiederholen – und schon nach wenigen Augenblicken können Sie sich über ein gelungenes Familienporträt freuen:

# 3 Bilddateien speichern und verwalten

Im letzten Kapitel haben Sie erfahren, wie Sie die häufigsten Bildprobleme mit PhotoFiltre beheben. Jetzt geht es darum, die Ergebnisse der Bildbearbeitung gezielt zu speichern und zu verwalten. Zu Beginn dieses Buches wurde Ihnen bereits empfohlen, stets mit Kopien Ihrer Originaldateien zu arbeiten. Dadurch können Sie immer wieder auf das Ausgangsmaterial zurückgreifen, falls die Bearbeitung nicht ganz nach Wunsch gelaufen sein sollte. Diese Empfehlung gilt auch weiterhin, denn einer der großen Vorteile der Digitalfotografie besteht gerade darin, dass Sie Ihre **Daten** - in diesem Fall Ihre Bilder - verlustfrei kopieren können, so oft Sie wollen.

Um die Ergebnisse Ihrer Bearbeitung allerdings auch auf Dauer sichern zu können, benötigen Sie die Dateiverwaltung von PhotoFiltre. Deren Funktionen greifen letzten Endes stets auf das Funktionsangebot des **Betriebssystems** Windows zurück und stehen in den meisten anderen **Bildbearbeitungsprogrammen** mehr oder weniger identisch ebenfalls zur Verfügung.

Im dritten Kapitel dieses Buches erfahren Sie,
- wie Sie Bilddateien auf Ihren PC übertragen,
- wie Sie Bilddateien auf Ihrem PC übersichtlich verwalten,
- wie Sie bei unbefriedigenden Ergebnissen der Bildbearbeitung die Notbremse ziehen
- und was Sie beim Speichern bearbeiteter Bilddateien zu beachten haben.

### Kapitel-Wegweiser

# Speichermedien und Kartenleser

Schon im ersten Kapitel wurde Ihnen gezeigt, wie Sie Bilddateien von der Kamera direkt zum PC übertragen. Dabei ging es ausschließlich um die „einfache" Möglichkeit, die das Betriebssystem Windows Ihnen bietet. Sollten Sie Ihre Digitalkamera nur ab und zu mal nutzen, werden Sie mit dieser Methode vermutlich gut zurechtkommen. Denjenigen unter Ihnen, die jedoch regelmäßig digital fotografieren, lernen hier einen deutlich eleganteren Weg zur Dateiübertragung kennen.

**! Begrenzte Ressourcen**

Vielleicht haben Sie inzwischen schon mal die Hilfsprogramme erprobt, die vom Hersteller Ihrer Kamera stammen? Hier ist etwas Vorsicht geboten, denn: Viele Digitalfotografen meiden diese mitgelieferte **Software**, da sie erstens in aller Regel fest auf dem PC installiert wird und zweitens meist auch mit dem Start des Rechners aktiviert wird. Beides ist nur wenig wünschenswert, da es die Ressourcen des Rechners unnötig belastet und diesen bisweilen auch dann ausbremst, wenn Sie alles Mögliche andere vorhaben – aber eben nicht gerade Bilder aus Ihrer Kamera holen wollen. Zudem setzen diese Programme stets voraus, dass die Kamera während der Übertragung eingeschaltet ist, was die ohnehin meist knappen Batterie-Reserven der Kamera ebenfalls unnötig erschöpft. Diese Einschränkung gilt übrigens auch für die Dateiübertragung per Windows, die Sie im ersten Kapitel kennengelernt haben.

Zwar verfügen alle handelsüblichen Digitalkameras über einen eingebauten eigenen Speicher, doch dieser Speicher ist denkbar knapp bemessen: Für mehr als zwei oder drei Bilder reicht der eingebaute Speicher in den seltensten Fällen. Also sollte man zusammen mit der Digitalkamera in der Regel auch gleich einen zusätzlichen **Speicherchip** erwerben, auf dem die Bilder von der Kamera abgelegt werden.

Die derzeit wohl populärsten Speicherchip-Formate sind:

1. SD-Speicherkarte („**S**ecure **D**igital" )

2. CF-Karte („**C**ompact-**F**lash")

3. Memory-Stick

Hinzu kommen andere Kartenformate, die in ihrer Funktion und Kapazität aber letztlich weitgehend identisch sind. Unterschiede ergeben sich meist beim Preis. Die am weitesten verbreiteten Formate sind meist auch die günstigsten.

Die externen Speicherchips kommen nicht allein in digitalen Fotoapparaten zum Einsatz, sie haben sich auch bei **PDAs**, **MP3**-Spielern, Mobiltelefonen und mitunter sogar Videokameras durchsetzen können. So ist es inzwischen keine Seltenheit mehr, dass moderne PCs und **Laptops** auch für die gängigsten externen Speicherkarten bereits Steckplätze vorweisen.

Sollten diese Steckplätze nicht (oder nicht im passenden Format) vorhanden sein, helfen so genannte Universal-Kartenleser weiter, zum Beispiel.

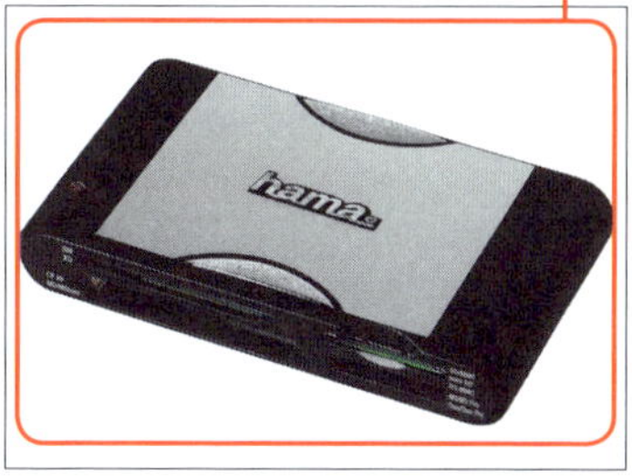


Diese Geräte sind üblicherweise mit einer **USB**-Schnittstelle ausgestattet und können alles lesen, was es an Speicherkarten auf dem Markt gibt.

Egal, ob Sie den passenden Kartensteckplatz direkt in Ihren PC eingebaut haben oder ob Sie einen geringen Betrag (normalerweise zwischen fünf und zehn Euro) in einen Universal-Kartenleser investieren müssen: Die Datenübertragung mithilfe dieser Geräte ist erheblich schneller und bequemer, als dies mit anderen Methoden möglich wäre. Die Vorteile: Zum einen greift Ihr PC unmittelbar auf das externe Speichermedium zu und ist nicht darauf angewiesen, dass die Kamera die Daten rasch genug herausrückt. Und zum anderen ist die Karte während der Übertragung nicht in der Kamera und verbraucht daher nicht deren Akku- oder Batterie-Strom.

# Daten mit einem Kartenleser übertragen

Wenn Sie Ihre Digitalbilder mit einem Kartenleser auf Ihren Rechner überspielen wollen, gehen Sie folgendermaßen vor:

**1** Nehmen Sie die **Speicherkarte** aus Ihrer ausgeschalteten Digitalkamera heraus, und stecken Sie die Karte in den passenden Steckplatz des Kartenlesers, im Beispiel ●.

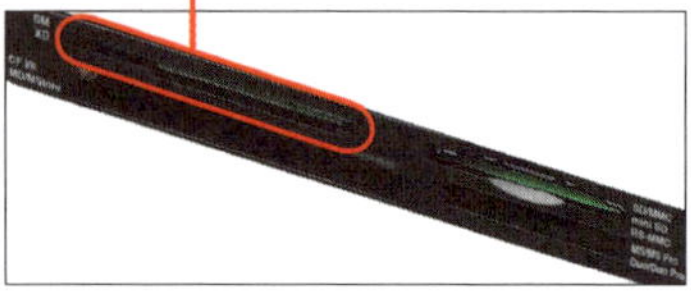

Dieser Kartenleser ist entweder direkt in den PC eingebaut oder mit ihm über ein USB-Kabel verbunden.

**2** Nach einigen Augenblicken öffnet sich ein Fenster, in dem Sie bestimmen können, was das Betriebssystem mit den Daten auf dem vorgefundenen externen Datenträger anfangen soll. Normalerweise ist hier die Option „Ordner öffnen, um Daten anzuzeigen" von Windows bereits vorgewählt. Sollte dies nicht der Fall sein, markieren Sie diese Option mit einem Mausklick und klicken anschließend auf ●, um die Dateien anzeigen zu lassen.

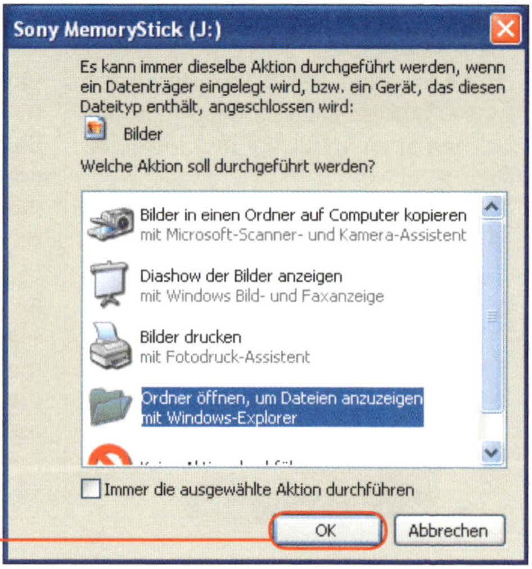


**3** Nachdem Sie auf diese Weise das Fenster für die Speicherkarte geöffnet haben, wechseln Sie mit einem Doppelklick auf ●

in das Verzeichnis mit Ihren neuen Fotos.

**4** Im geöffneten Foto-Ordner der Speicherkarte markieren Sie alle Dateien, indem Sie eine Datei anklicken und danach gleichzeitig die Strg-Taste und die Taste A drücken.

Anschließend klicken Sie die markierten Dateien mit der rechten (!) Maustaste an und wählen im Kontextmenü den Befehl ●.

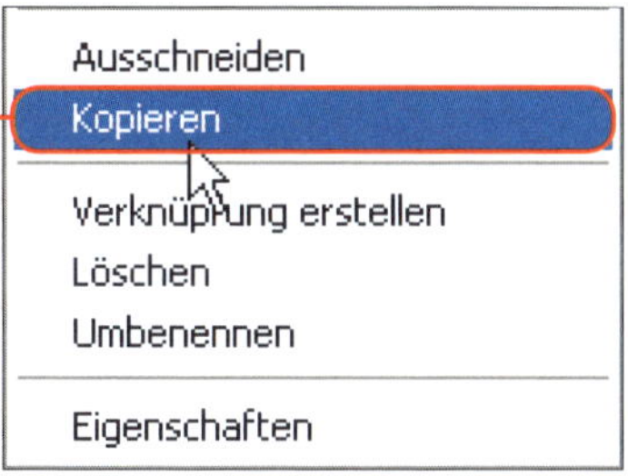


**5** Wenn Sie die Fotos im Ordner „Eigene Bilder" einfügen wollen, kli-

## Den Speicherchip sofort entlasten

Nachdem die Fotodateien übertragen sind, befinden sich die Daten im Verzeichnis auf der Festplatte, doch auch immer noch auf der Speicherkarte Ihrer Digitalkamera. Dort nehmen Sie den Platz weg, der eigentlich für neue Bilder gedacht wäre. Daher sollten Sie die Bilder von der Speicherkarte löschen, bevor Sie sie wieder in die Kamera einsetzen.

Kontrollieren Sie zunächst, ob sämtliche Fotos übertragen wurden, die auf der Speicherkarte waren. Wenn die Übertragung gelungen ist, markieren Sie im Fenster, in dem die Dateien der Speicherkarte angezeigt werden, die Fotodateien, die Sie löschen möchten. Um alle Fotos zu löschen, hilft wieder die Tastenkombination Strg A. Anschließend drücken Sie einfach die Entf-Taste und bestätigen die folgende Nachfrage per Klick auf ●.

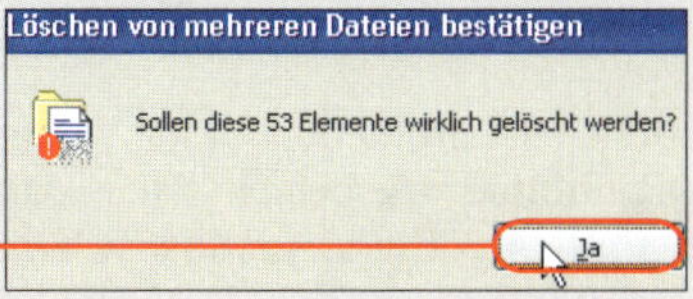


Es kann durchaus vorkommen, dass das **Dateisystem** Ihrer Digitalkamera und das Dateisystem von Windows nur bedingt zueinander passen, sodass „Datenreste" auf der Chipkarte zurückbleiben. Diese können die Speicherkapazität oder die Speichergeschwindigkeit der Karte verringern, was die ganze Kamera ausbremst. Um derartigen Nachteilen vorzubeugen, sollten Sie in regelmäßigen Abständen den – geleerten! – Speicherchip in der Kamera neu formatieren. Wie das geht, steht im Kamera-Handbuch.

cken Sie nun auf

und dann auf den Eintrag ●.

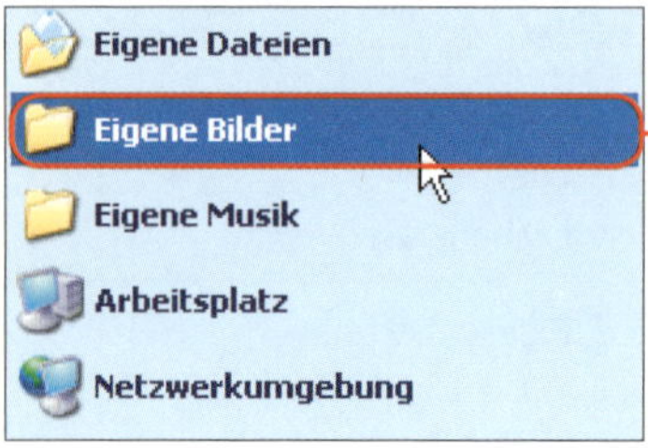


**6** Schließlich klicken Sie mit der rechten (!) Maustaste in den geöffneten Ordner „Eigene Bilder“ und im Kontextmenü, das sich nun öffnet, auf den Befehl

Daraufhin werden die Fotodateien von der Speicherkarte wunschgemäß in den gewählten Ordner übertragen.

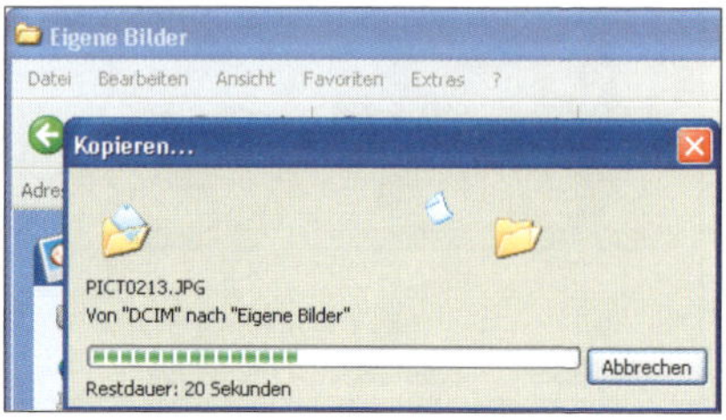


## Für Ordnung auf der Festplatte sorgen

Ein nicht zu unterschätzender Vorteil der Digitalfotografie besteht darin, dass sie eigentlich völlig kostenlos ist: Sind Kamera und Speicherkarte einmal bezahlt, können Sie knipsen, was das Zeug hält: Kosten entstehen erst wieder, wenn Sie sich entschließen, ein Bild auszudrucken. Dieser Umstand führt naturgemäß dazu, dass man nicht nur ein paar Bilder macht, sondern meist sehr viele.

Um so wichtiger ist es daher, nicht sämtliche Fotos in einem einzigen Ordner - beispielsweise dem Ordner „Eigene Bilder“ - zu speichern. Denn dann würden Sie rasch den Überblick verlieren. Um dies zu verhindern, empfiehlt es sich, im Ordner „Eigene Bilder“ weitere Unterverzeichnisse anzulegen.

**1** Klicken Sie dazu mit der rechten (!) Maustaste in den Ordner „Eigene Bilder“, sodass ein Kontextmenü aufklappt. Darin folgt ein Mausklick auf ● und anschließend auf ●.

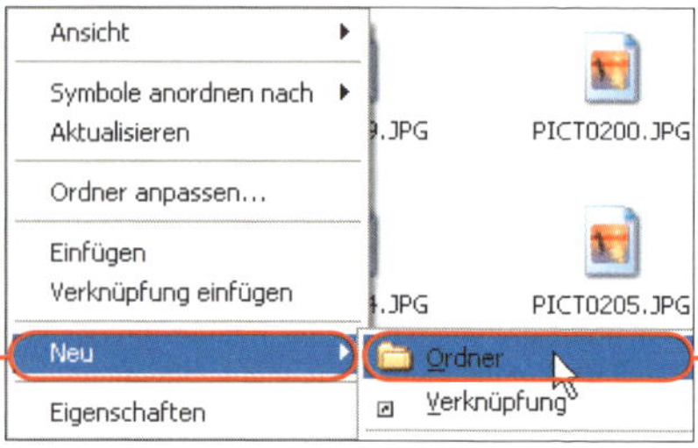

**2** Windows fügt daraufhin in das Verzeichnis einen neuen Ordner ein, dessen wenig aussagekräftiger Name bereits markiert ist: ●.

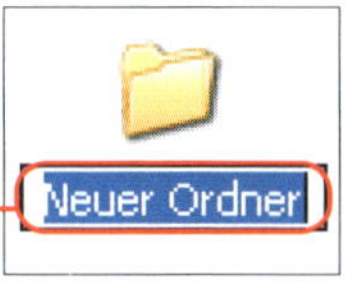


## Datumsangaben richtig vornehmen

Bei Unterverzeichnissen, die mit dem Tagesdatum der Aufnahme benannt sind, sollten Sie Folgendes beachten: Sie können die Verzeichnisse ordnen, indem Sie im geöffneten Menü „Ansicht" auf den Eintrag ●

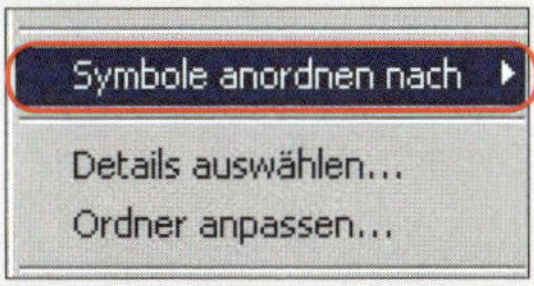


und dann zum Beispiel auf ● klicken.

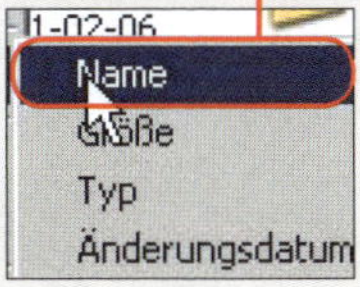


Allerdings hält sich Windows beim Sortieren der Verzeichnisse an die alphanumerische Reihenfolge. Das führt im Beispielfall dazu, dass der 1. Februar neben dem 1. April angeordnet wurde, dem dann der 3. März folgt usw.: ●.

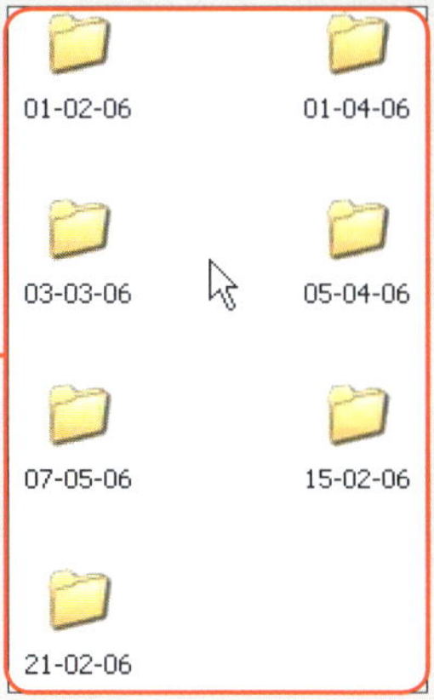


Damit ist der alphanumerischen Sortierung zwar Genüge getan, die chronologische Reihenfolge fehlt jedoch. Daher empfiehlt es sich, bei der Benennung der Unterverzeichnisse die Reihenfolge von Tag-Monat-Jahr einfach umzukehren und mit dem Jahr zu beginnen, dem dann Monat und Tag folgen. So wird die chronologische Reihenfolge der Monate auch auf Ihrer Festplatte gewahrt: ●.

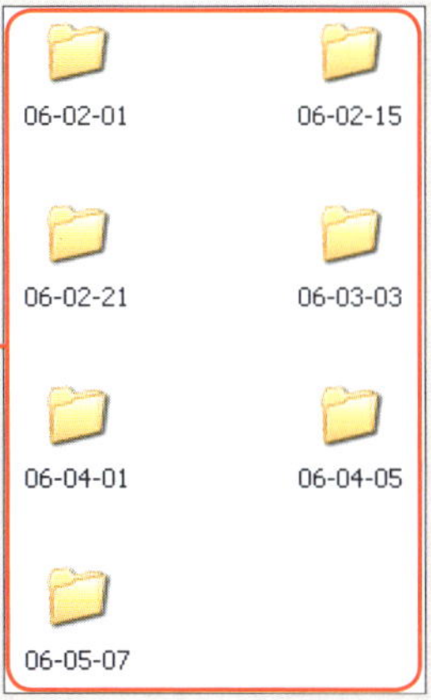

Daher können Sie die Bezeichnung mit einem Namen Ihrer Wahl direkt überschreiben, beispielsweise mit ●.

**3** Um Bilder in den verschiedenen Unterordnern später rasch zu finden, ist es ratsam, diese Verzeichnisse chronologisch zu benennen. Wie fein diese Systematik ausfällt, bleibt dabei ganz Ihnen überlassen:

Wenn Sie nur ab und zu zur Digitalkamera greifen, brauchen Sie die Bilder in der Regel nur nach Ereignissen oder Kalendermonaten zu sortieren, zum Beispiel so: ●.

Wer etwas öfter knipst, könnte vielleicht eine wochenweise Ordnung bevorzugen: ●.

Ambitionierte Digitalfotografen tun hingegen gut daran, ihre Bilder in Verzeichnissen zu speichern, die jeweils einem einzigen Tag gewidmet sind.

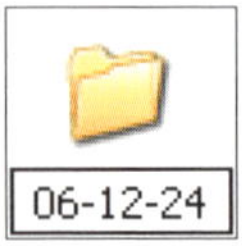


**4** Ihre Ordner können Sie auch später noch problemlos umbenennen, indem Sie den jeweiligen Ordner mit der rechten (!) Maustaste anklicken und im Kontextmenü den Befehl ● wählen.

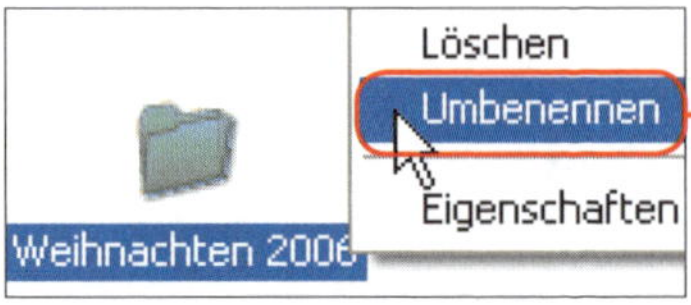


Danach können Sie den automatisch markierten Namen des Ordners direkt überschreiben.

**5** So praktisch die korrekte chronologische Anordnung Ihrer Fotos auf der Festplatte ist – der Weisheit letzter Schluss ist sie nur bedingt. Denn vor allem wenn sich in einem Ordner besonders viele Bilddateien befinden, die so interessante Namen tragen wie „IMGP3350" ●, gestaltet sich das Auffinden eines bestimmten Fotos äußerst schwierig.

Die Lösung: Wenn Sie sowieso schon dabei sind, die **Verzeichnisstruktur** Ihrer Festplatte zu ordnen, klicken Sie einfach in der Menüleiste auf ● und im aufgeklappten Menü auf die Option ●.

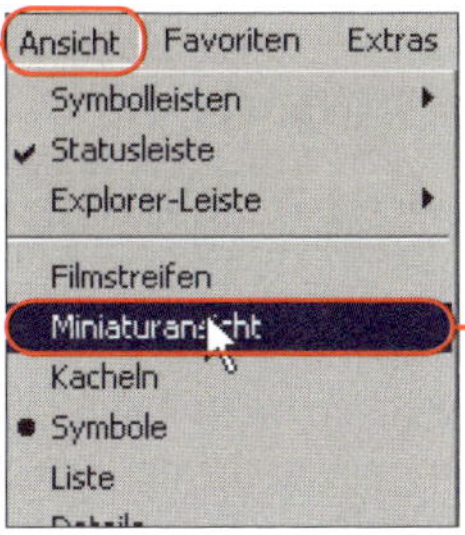


**6** Daraufhin zeigt der Windows-Explorer nicht einfach nur nichts sagende Symbole Ihrer Bilddateien an, sondern liefert Ihnen Miniaturansichten der Bilder.

Diese Einstellung wird vom Windows-Explorer gespeichert. Sobald Sie nun den so vorbereiteten **Ordner** mit PhotoFiltre öffnen, übernimmt das Programm die Explorer-Einstellungen, und Sie können das gewünschte Bild einfach anhand der Miniaturen auswählen: ●.

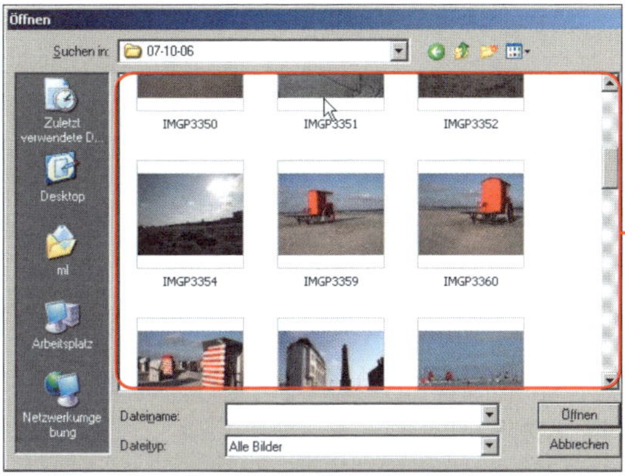


## Wiederherstellen der Originaldatei

Gerade bei der Bildbearbeitung zählt nur das sichtbare Ergebnis. Daher ist es unumgänglich, viele Bearbeitungsschritte einmal auszuführen, bevor sie dann möglicherweise doch verworfen werden. Untaugliche Versuche lassen sich mit der Rückgängig-Funktion ganz einfach zurücknehmen. Sollten Sie nur wenige Bearbeitungsschritte vorgenommen haben, ist diese Funktion auch völlig ausreichend, damit Sie wieder zum Ausgangspunkt - oder zum letzten vertretbaren Punkt - der Bearbeitung zurückfinden.

# Bearbeitungen rückgängig machen

Nicht immer tragen Änderungen tatsächlich zur Verbesserung eines Bildes bei. Bei der digitalen Bildbearbeitung ist das jedoch kein Problem. Hier lassen sich während einer Arbeitssitzung die meisten Einstellungen nachträglich wieder zurücknehmen.

**1** Falls Sie mit Ihrem letzten Arbeitsschritt nicht zufrieden sein sollten und diesen wieder rückgängig machen möchten, klicken Sie einfach in der Menüzeile auf ● und danach im geöffneten Menü auf den Eintrag ●.

Hier finden Sie auch einen Hinweis auf die jeweils letzte Aktion, die PhotoFiltre für Sie vorgenommen hat, im Beispiel „Farbbalance“. Ein Klick auf den Eintrag macht die jeweilige Aktion prompt rückgängig und stellt den vorletzten Bearbeitungsschritt wieder her.

**2** Um mehrere Arbeitsschritte zurückzugehen, klicken Sie einfach wiederholt auf den Befehl ●,

oder Sie nutzen, was noch schneller geht, eine Tastenkombination: Drücken Sie die Strg-Taste, und tippen Sie gleichzeitig auf Z.

## Dateien ohne Änderungen schließen

Das reicht aber mitunter nicht aus: Je länger Sie sich mit einem Bild beschäftigt haben, desto unübersichtlicher wird der bisherige Verlauf der Bearbeitung. Und es erweist sich oft als einfacher, noch einmal ganz von vorn anzufangen. Dazu bietet PhotoFiltre Ihnen - wie jedes andere Windows-Programm - eine eingebaute Notbremse.

**1** Wenn Sie möchten, dass die Datei ohne Änderungen wieder geschlossen wird, also quasi im Urzustand auf der Festplatte erhalten bleibt, klicken Sie in der Menüzeile von PhotoFiltre auf ● und im geöffneten Menü auf den Eintrag ●.

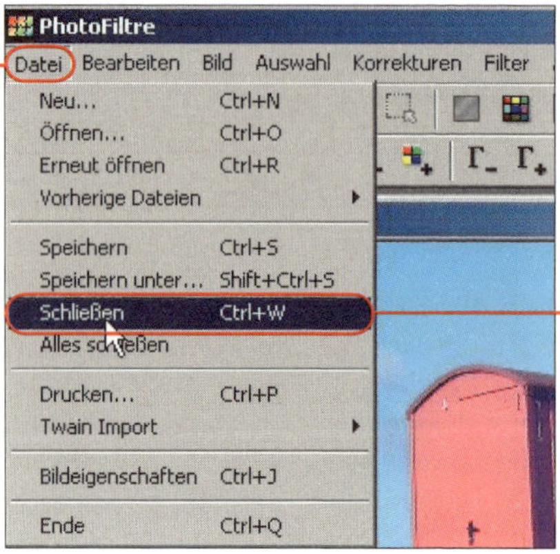

**2** Natürlich möchte PhotoFiltre verhindern, dass Sie eine Datei aus Versehen schließen, obwohl Sie Änderungen daran vorgenommen haben. Daher erscheint noch ein Fenster, in dem nachgefragt wird, ob die geänderte Datei wirklich nicht gespeichert werden soll. Da Sie alle Änderungen verworfen haben, klicken Sie einfach auf die Schaltfläche ●.

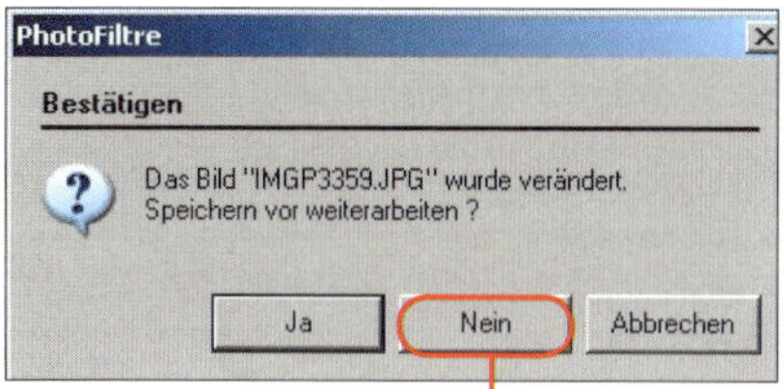


So belassen Sie die Originaldatei unverändert.

## Bilddateien speichern

Um später verschiedene Stufen der Bildbearbeitung aufrufen zu können, sollten Sie Zwischenergebnisse unter verschiedenen Dateinamen speichern. Dann müssen Sie nicht immer zum Urzustand der Fotodatei zurückkehren, falls Ihnen eine größere Bearbeitungsmaßnahme nicht mehr gefällt.

**1** Um eine Bilddatei, die Sie noch nicht fertig bearbeitet haben, unter einem neuen Namen zu speichern, klicken Sie in der Menüzeile auf ● und im geöffneten Menü auf den Eintrag ●.

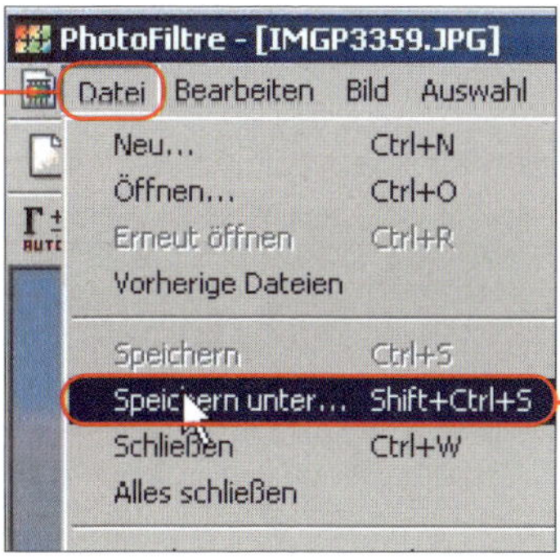


**2** Daraufhin öffnet PhotoFiltre ein Fenster mit dem Ordner, in dem Sie zuletzt ein Bild gespeichert haben, im Beispiel ●.

Im unteren Bereich dieses Fensters sehen Sie im Feld „Dateiname“ zunächst den Namen, unter dem die Datei bislang gespeichert wurde. Dieser Dateiname ist bereits markiert, kann von Ihnen also sofort überschrieben werden.

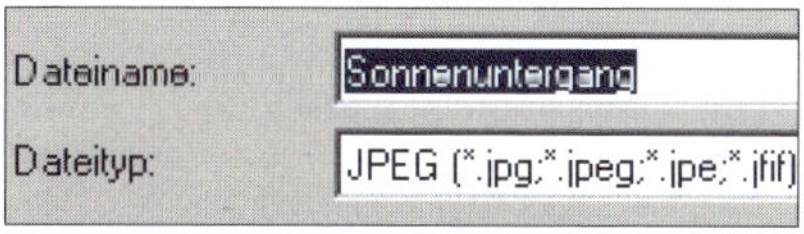


Eine gute Gelegenheit, beispielsweise den von der Kamera automatisch vergebenen Dateinamen „IMGP3443“ durch einen etwas aussagekräftigeren Titel zu ersetzen.

Im Laufe der Bearbeitung können Sie beim Speichern einfach eine Versionsnummer an den Namen des Fotos anhängen, um so wichtige und gelungene Änderungen zu sichern, etwa ●.

**3** Unter dem Dateinamen wird der „Dateityp“, also das aktuelle **Dateiformat** Ihrer Bilddatei, angegeben. In der Regel handelt es sich dabei um das Format „JPEG“, das sich bei Digitalkameras weitgehend zum Standard entwickelt hat. Wenn Sie das Dateiformat ändern möchten, klicken Sie auf den Pfeil am Ende dieser Zeile und in der anschließend geöffneten Liste auf das gewünschte Format, etwa ●.

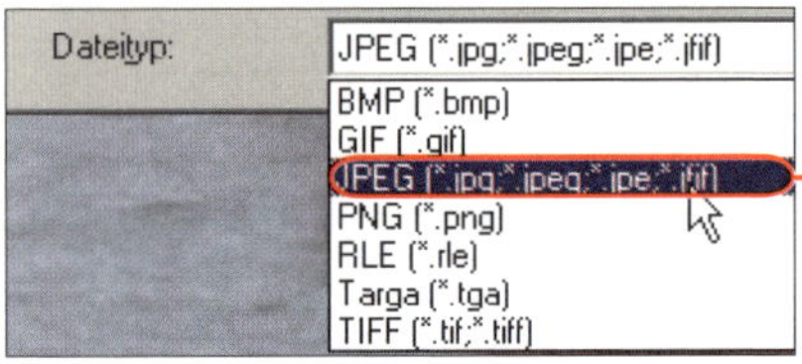


Nachdem Sie den Namen und das Format, unter denen Sie Ihre Bilddatei sichern wollen, festgelegt haben, bestätigen Sie Ihre Auswahl mit einem Mausklick auf die Schaltfläche

.

**4** Wenn Sie ein Bild im JPEG-Grafikformat abspeichern, muss das Programm nun wissen, in welcher JPEG-Kompression das Bild gespeichert werden soll (siehe dazu auch den nebenstehenden Kasten). Im entsprechenden Fenster können Sie mithilfe eines Schiebereglers die Kompression des Bildes definieren, wobei PhotoFiltre einen Wert von „90%“ vorschlägt: ●.

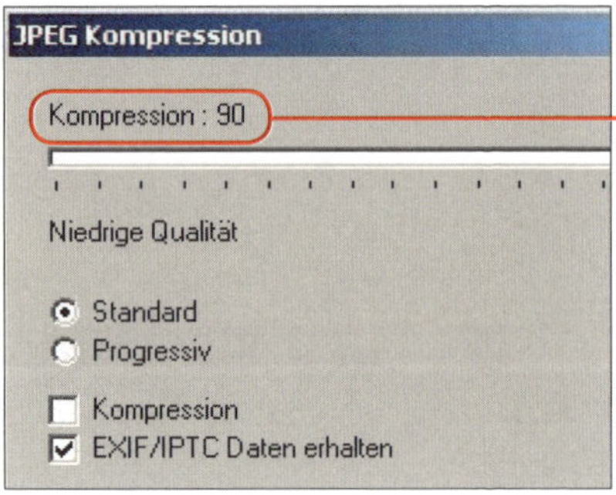


### ! Das richtige Dateiformat

Wenn Sie eine Bilddatei weitergeben wollen, damit diese an anderer Stelle weiterbearbeitet werden kann, ist bisweilen eine Änderung des Formats sinnvoll. So bevorzugen Grafiker, die Bilder für den Druck vorbereiten, traditionell das Format „**TIFF**“ (das wesentlich großzügiger mit Ihrem Speicherplatz umgeht). Schnelldruckereien, die Fotos auf T-Shirts, Mauspads usw. drucken, nutzen hingegen noch immer gerne das Format „**BMP**“.

Bei der Weitergabe von Bilddateien empfiehlt es sich, den Empfänger vorab nach dem Wunschformat zu fragen. Das erspart langwieriges Hin und Her und macht Ihnen keine Arbeit. Schließlich können Sie im „Speichern unter“-Fenster von PhotoFiltre die bearbeitete Datei jederzeit erneut in ein anderes Format umwandeln.

## Vorsicht mit Kompression

Das JPEG-Format ist eines der kompaktesten Formate, die zum Speichern digitaler Fotos zur Verfügung stehen.
JPEG-Dateien werden in der Regel beim Speichern nach jedem Bearbeitungsvorgang rund zehn Prozent kompakter gemacht. Normalerweise wird vor dieser zusätzlichen Kompression nicht das Einverständnis des Anwenders eingeholt.
Bei der Kompression werden benachbarte Bildpunkte (Pixel) innerhalb eines Bildes zusammengerechnet, was die Größe der Datei nachhaltig verringert: Schon nach einmaliger Bearbeitung reduziert sich eine 6-Megapixel-Datei, die im JPEG-Format ursprünglich 2,88 Megabyte auf der Festplatte beanspruchte, auf schlanke 1,18 Megabyte, ohne dass ein Qualitätsverlust offensichtlich würde.
Der Nachteil dieses Verfahrens: Nach mehrmaliger Bearbeitung und jeweiliger Kompression leidet die ursprüngliche Bildqualität und lässt sich auch nicht wiederherstellen. Wenn Sie also mithilfe der JPEG-Kompression Bilddaten komprimieren, um sie so schneller per E-Mail versenden zu können, müssen Sie mit einem gewissen Qualitätsverlust immer rechnen. Für die Bildbearbeitung sollten Sie sich daher angewöhnen, Ihre Bilder grundsätzlich mit der größtmöglichen Qualität – also in 100% – abzuspeichern.
Nachdem Sie bei der JPEG-Kompression die Bildqualität einmal auf „100%" gesetzt haben, übernimmt PhotoFiltre diesen Wert als Standard, und Sie müssen diesen Vorgabewert später nur noch kurz per Mausklick bestätigen.

Sie sollten sich an dieser Stelle über die Empfehlung des Programms hinwegsetzen und den Regler auf „100%" schieben. Klicken Sie dazu auf den Regler, halten Sie die Maustaste gedrückt, und ziehen Sie den Regler mit weiterhin gedrückter Maustaste ganz nach rechts, ehe Sie den Speichervorgang per Klick auf die Schaltfläche

beenden.

**5** Auch wenn Sie an einem Foto arbeiten, dem Sie bereits einen richtigen Dateinamen zugeordnet haben, sollten Sie natürlich nicht vergessen, Ihre Arbeit zwischendurch immer mal wieder zu speichern. Dazu klicken Sie in der Menüzeile einfach auf ● und im dann geöffneten Menü auf den Eintrag ●.

Dann wird das Bild genau unter dem Namen gesichert, den Sie jeweils am oberen Rand des Fensters sehen, im Beispiel ●.

**6** Beim Speichern von JPEG-Bildern erscheint zunächst wieder das Fenster zur Kompressionswahl (siehe Schritt 4). Nachdem Sie die Kompression aber zuvor bereits auf die maximale Qualität gesetzt haben (siehe auch den Kasten auf Seite 49), bleibt diese Einstellung aktiv, und Sie brauchen nur noch auf

zu klicken, damit die Datei gespeichert wird.

**7** Sollte Ihnen der Aufruf des Speichern-Befehls aus dem Dateimenü zu umständlich sein, erreichen Sie mit der Tastenkombination Strg und S denselben Effekt. Oder Sie klicken einfach auf das kleine Diskettensymbol ●,

das Sie oben links in der Symbolleiste von PhotoFiltre finden.

# 4 Aus guten Bildern bessere Bilder machen

Inzwischen wissen Sie, wie man die unvermeidlichen Pannen beim Knipsen in den Griff bekommt: Im zweiten Kapitel habe Sie erfahren, wie man einem Bild nachträglich zu etwas mehr Schärfe verhilft, wie man die Helligkeit und die Farben korrigiert und was Sie tun können, falls es beim Blitzen doch mal ein paar rote Augen gegeben hat. Zudem wissen Sie, wie man die korrigierten Dateien anschließend auf der **Festplatte** Ihres PCs sichert.

Im vierten Kapitel geht es jetzt schon um die Feinarbeit. Sie lernen, wie sich sogar Bilder, die auf den ersten Blick fehlerfrei wirken, noch verbessern lassen. Dabei handelt es sich um Bilder, an denen technisch nichts auszusetzen ist, denen jedoch der letzte Schliff fehlt, um sie zu wirklich besonderen Bildern zu machen. Natürlich kann Bildbearbeitung auch hier keine Wunder vollbringen. Si werden aber sehen, dass mitunter schon ein paar Kleinigkeiten genügen, um ein Bild spürbar aufzuwerten.

Im vierten Kapitel dieses Buches erfahren Sie,

- wie Sie ein Bild, das leicht aus der Waage geraten ist, nachträglich ins Lot bringen,
- wie Sie den richtigen Ausschnitt für Ihr Bild finden und festlegen
- und wie Sie aus Farbfotos anspruchsvolle Schwarz-Weiß-Bilder machen.

**Kapitel-Wegweiser**

# Ein Bild ins Gleichgewicht bringen

Manchmal fehlt Bildern das Gleichgewicht. Dann liegt zum Beispiel der Horizont schief, und das Bild kippt optisch nach links oder rechts ab. Auch im Beispielfoto mit dem Sonnenuntergang am Meer

fällt bei genauerem Hinsehen auf, dass der Horizont leicht aus der Waage geraten ist. So verhindern Sie, dass das Wasser der Nordsee aus dem schräg liegenden Bild tropft:

**1** Um Zugriff auf die erforderliche Feineinstellung zu bekommen, klicken Sie als Erstes in der Menüzeile auf „Bild“, danach im geöffneten Menü auf ● und schließlich auf den Eintrag ●.

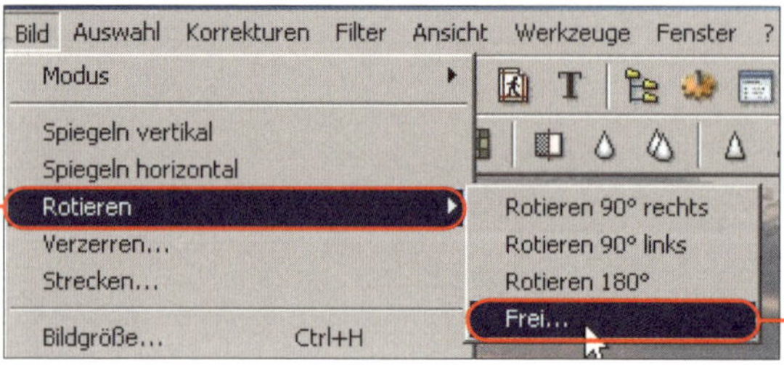


**2** Im Dialogfenster, das sich daraufhin öffnet, können Sie eingeben, um wie viel Grad das Bild gedreht werden soll. Da PhotoFiltre die Rotation im Uhrzeigersinn berechnet, müssen Sie für die Drehung in die andere Richtung ein Minuszeichen vor die Gradangabe setzen. Um den richtigen Drehwinkel im Beispielbild in Erfahrung zu bringen, geben Sie versuchsweise „-5,0“ ● ein und klicken dann auf ●.

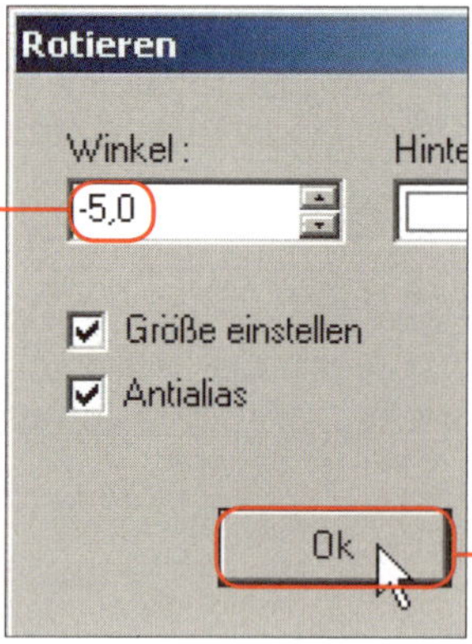


**3** Falls der Wert zu niedrig oder - wie im vorliegenden Fall (siehe Foto rechte Seite, linke Spalte) - zu hoch war, sollten Sie die Funktion „Rotieren“ nicht sofort erneut aufrufen und das Bild weiter rotieren lassen.

### Rasche Drehung

Die Funktion „Rotieren“ bietet drei Standard-Einstellungen: die Rotation um 90 Grad nach rechts, dieselbe Rotation in umgekehrter Richtung sowie die Rotation um volle 180 Grad. Hiermit lassen sich quer oder hochkant fotografierte Bilder mit einem Klick betrachterfreundlich ausrichten.

Da jeder Bearbeitungsschritt die Bildqualität verschlechtert, empfiehlt es sich, den letzten Schritt einfach rückgängig zu machen. Klicken Sie dazu auf ● und im geöffneten Menü auf den Befehl ●.

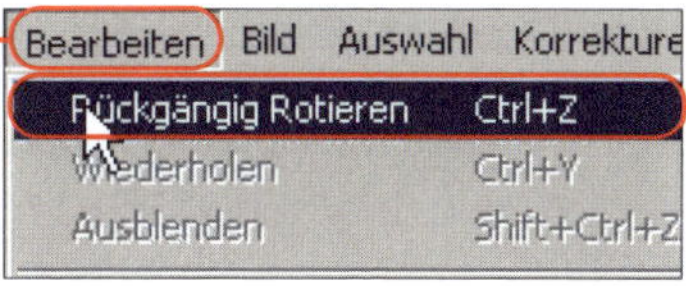


Dies setzt das Bild wieder auf den Ausgangspunkt zurück.

**4** Anschließend wiederholen Sie Schritt 1 dieser Anleitung, geben im dann geöffneten Dialogfenster aber einen genaueren Schätzwert ins Feld ●

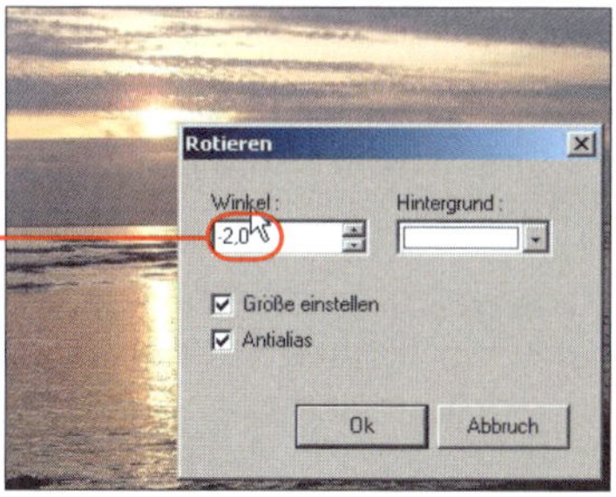


ein. Nach einigem Ausprobieren werden Sie rasch den korrekten Rotationswinkel herausfinden, der im Beispielfall „-2,0“ Grad beträgt.

**5** Da PhotoFiltre das gesamte Bild gedreht hat, entstehen nun im Winkel von zwei Grad freie Flächen an den Bildrändern: ●.

Um diese unerwünschten Flächen verschwinden zu lassen, müssen Sie das Bild zuschneiden.

# Ein Bild zuschneiden

Im letzten Abschnitt haben Sie zwar gelernt, wie Sie ein Bild wieder ins Gleichgewicht bringen. Aber der Preis waren hässliche Flächen an den Bildrändern. Auch diese lassen sich mit PhotoFiltre natürlich beseitigen.

**1** Damit das Beispielbild wieder in ein korrektes rechteckiges Format gebracht wird, zoomen Sie es zunächst so weit heran, dass es vollständig im Programmfenster erscheint. Klicken Sie dazu neben dem Zoom-Feld auf den Pfeil und in der dann geöffneten Liste auf die Option ●.

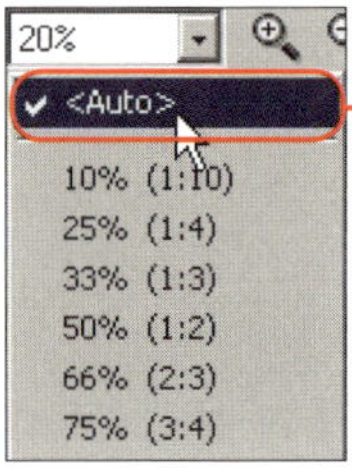

**2** Als Nächstes wählen Sie mit einem Mausklick in der Werkzeugpalette rechts das „Auswahl"-Werkzeug ● aus und klicken anschließend unten auf das Symbol „Rechteck" ●.

**3** Nun setzen Sie den Mauszeiger genau auf die Stelle, an der die obere linke Kante des Fotos an den Rand des Bildes stößt: ●. Klicken Sie mit der linke Maustaste, halten Sie diese gedrückt, und ziehen Sie den Mauszeiger mit weiterhin gedrückter Maustaste bis an die untere rechte Kante des Fotos: ●.

Damit haben Sie einen Bildausschnitt markiert, aus dem schon mal die weißen Keile am oberen und unteren Bildrand entfernt sind.

**4** Damit dieser markierte Bildausschnitt kopiert wird, klicken Sie in der Menüzeile auf ● und im dann geöffneten Menü auf die Funktion ●.

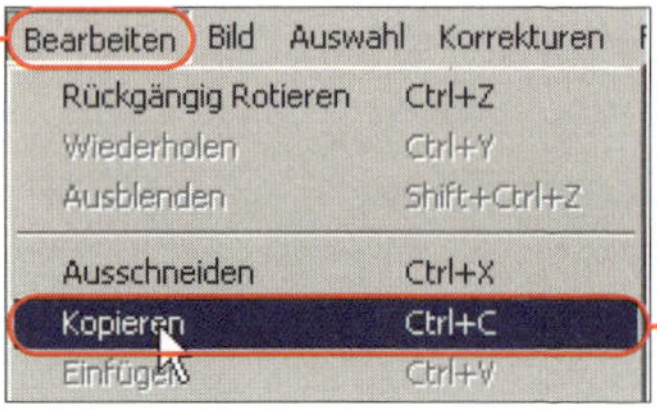


**5** Praktisch ist es, wenn der kopierte Ausschnitt in einem eigenen Fenster auftaucht. Klicken Sie dazu in der Menüzeile auf ● und im geöffneten Menü auf die Funktion ●.

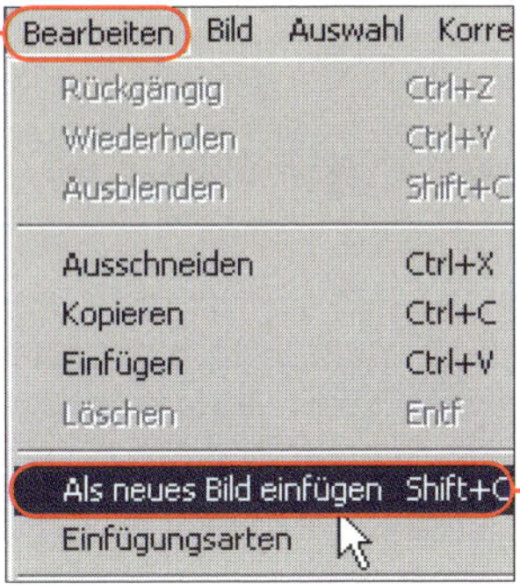


PhotoFiltre öffnet daraufhin ein neues Bildfenster mit dem Ausschnitt.

**6** Um jetzt auch noch die weißen Keile von den seitlichen Bildrändern zu entfernen, setzen Sie den Mauszeiger an die Stelle, an der die untere linke Kante des Fotos an den Rand des Bildes stößt: ●. Auch hier klicken Sie mit der linken Maustaste, halten diese gedrückt und ziehen den Mauszeiger mit weiterhin gedrückter Maustaste bis an die Stelle, an der die obere rechte Kante des Fotos an den Rand des Bildes grenzt: ●.

**7** Den so markierten Ausschnitt kopieren Sie wieder in die Zwischenablage, indem Sie Schritt 4 dieser Anleitung wiederholen oder die Tastenkombination [Strg] und [C] verwenden. Anschließend fügen Sie den Ausschnitt wieder als neues Bild ein, indem Sie Schritt 5 wiederholen oder die Tastenkombination [⇧], [Strg] und [V] verwenden.

**8** Zum Speichern des fertig beschnittenen Bildes klicken Sie auf das Symbol

,

geben im nachfolgenden Fenster unten einen neuen Namen für das bearbeitete

Foto ein, etwa ,

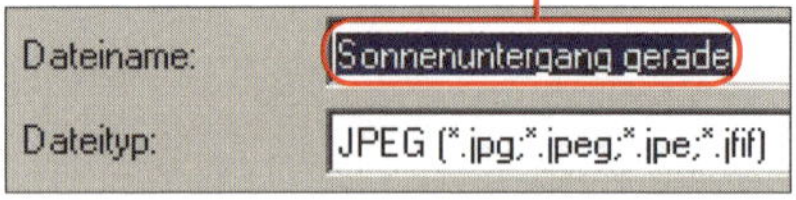


und bestätigen diesen per Klick auf die Schaltfläche

.

# Beschneiden für das richtige Papierformat

Wenn Sie nun noch einmal das Ausgangsbild mit dem gedrehten und zurechtgeschnittenen fertigen Bild vergleichen, werden Sie feststellen, dass es durch den Bearbeitungsvorgang - logischerweise - etwas kleiner geworden ist.

1 Das Beispielfoto war 2848 breit und 2136 Bildpunkte hoch. Somit hatte es ursprünglich eine Auflösung von rund sechs Megapixeln. Die Angabe der Auflösung finden Sie übrigens am unteren Rand des PhotoFiltre-Programmfensters

## ! Bedeutung der Fotoformate

Während die Kleinbildfotografie mit einem Seitenverhältnis von Zwei zu Drei arbeitet (etwa beim Negativformat 24 mal 36 Millimeter oder beim Abzugformat zehn mal 15 Zentimeter), produzieren Digitalkameras fast grundsätzlich Bilder im Format Drei zu Vier. Dieses Format ist „Computer-typisch" und lässt sich fast ebenso weit zurückverfolgen wie das Kleinbildformat, das die Firma Leica im Jahr 1925 mit der ersten Kleinbildkamera definierte: Im Jahr 1928 ließ sich die Firma **IBM** ein spezielles Lochkarten-Format patentieren. Auf eine „IBM Card" passten zwölf Lochzeilen, die jeweils Platz für 80 Löcher boten. Aus diesem Format entwickelten sich die ersten Monitore, die drei Lochkarten (also 80 mal 36 Stellen) abbilden konnten. Dieses Format wurde von den ersten Grafik-Monitoren mit 640 mal 480 Bildpunkten weitgehend übernommen und hat sich – bei entsprechend höheren Auflösungen – bis heute erhalten.

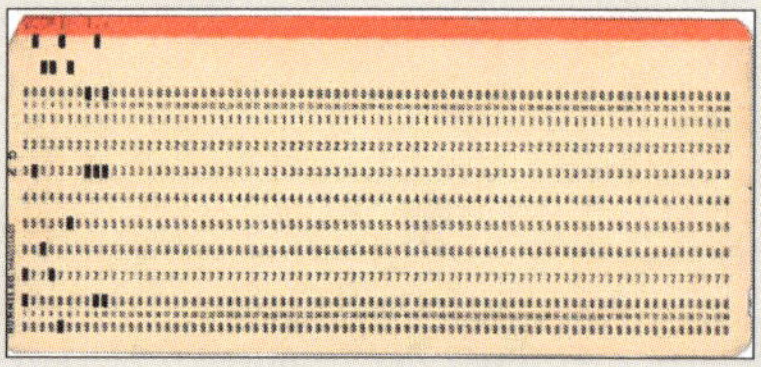

Wichtig wird die Formatfrage, wenn Sie ein Bild ausdrucken oder belichten lassen wollen. Denn schon der heimische **Drucker** folgt mit dem **DIN-A4**-Format (etwa 20 mal 30 Zentimeter) eher dem klassischen Kleinbildformat, und die Belichtungsautomaten der Fotolabore sind ebenfalls meist noch traditionell eingestellt. Falls Sie also ein Bild im klassischen Kleinbildformat ausdrucken (lassen) wollen (siehe auch Kapitel 10), sollten Sie es zuvor selbst auf das passende Format zurechtschneiden.

in der Statusleiste, im Beispiel: ●.

**2** Nach der Rotation und dem Zuschneiden bleiben davon, wie Sie in der entsprechenden Statusleiste sehen, genau 2766 mal 2025 Bildpunkte übrig, also etwa 5,6 Megapixel: ●.

Zwar lassen sich auch Bilder mit einer Auflösung von fünf Megapixeln und weniger am heimischen **Farbdrucker** problemlos in saubere Papier-Abzüge verwandeln. Allerdings sollten Sie im Gedächtnis behalten, dass umso mehr vom Bild verloren geht, je mehr Sie es bearbeiten müssen.

**3** Wenn Sie das Foto ausdrucken oder an ein Fotolabor weitergeben möchten, sollten Sie das Seitenverhältnis des Bildes an das Papierbildformat anpassen. Angaben zur Breite ● und Höhe ● des Fotos,

die Sie für die Berechnung brauchen, können Sie in der Statusleiste ablesen. Um nun das bearbeitete Beispielbild auf das Seitenverhältnis Zwei zu Drei umzurechnen, gehen Sie von der Breite der langen Seite aus und dividieren diese durch Drei. Dies ergibt im Beispiel (2766 Punkte : 3 = ) 922 Punkte. Dieses Ergebnis multiplizieren Sie mit Zwei und erhalten dann (922 × 2 = ) 1844 Bildpunkte.

**4** Nachdem Sie diesen Wert berechnet haben, müssen Sie im Bild einen Ausschnitt von 2766 mal 1844 Pixeln markieren. Klicken Sie dazu rechts in der Werkzeugpalette auf das „Auswahl“-Werkzeug ● und anschließend auf das Symbol ●.

**5** Als Nächstes klicken Sie auf die obere linke Ecke des Bildes, halten die Maustaste gedrückt und ziehen den Mauszeiger mit weiterhin gedrückter Maustaste in die untere rechte Ecke: ●.

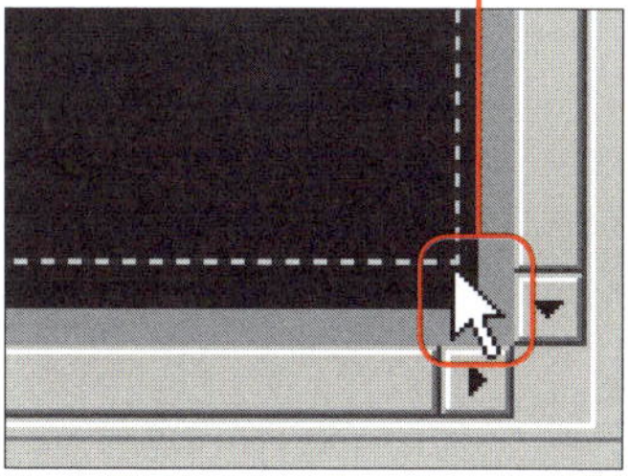

**6** Während Sie den Auswahlrahmen im Bild aufziehen, werden seine jeweilige Breite ● und Höhe ●

in der Statusleiste in Klammern angezeigt. Vor allem aber ist rechts davon auch das aktuelle Seitenverhältnis, im Beispiel oben noch „B/H=1,35“, ersichtlich. Erst wenn in diesem Feld die Angabe ●

steht, haben Sie genau ein Seitenverhältnis von Zwei zu Drei (3:2=1,5) erreicht.

So können Sie auch unabhängig von der Pixelberechnung im Digitalfoto das Seitenverhältnis des traditionellen Fotoformats markieren.

**7** Auch nachdem Sie die Maustaste losgelassen haben, können Sie das Auswahlrechteck, mit dem Sie einen Bereich des Bildes eingrenzen, noch verändern. Dazu brauchen Sie den Mauszeiger nur über eine Ecke, eine horizontale oder vertikale Seite zu führen.

Daraufhin wird der Mauszeiger zum Doppelpfeil, den Sie nun mit gedrückter Maustaste in die gewünschte Richtung ziehen können. Sie müssen dabei nur die eingeklammerten Werte in der Statusleiste im Auge behalten.

**8** Wenn der Rahmen die gewünschte Größe hat, können Sie ihn im Bild noch genauer positionieren. Dies hat den Vorteil, dass Sie das Auswahlrechteck in der Größe später nicht erneut anpassen müssen, nur weil wichtige Motivteile gerade nicht im Ausschnitt liegen.

Positionieren Sie also den Mauszeiger innerhalb der Begrenzungslinien des Rahmens. Daraufhin verwandelt er sich in einen weißen Pfeil.

Wenn Sie nun auf die linke Maustaste klicken und diese gedrückt halten, können Sie mit dem Pfeil den gesamten Auswahlrahmen verschieben, ohne dass dieser seine Dimensionen verändert.

**9** Als Nächstes geht es darum, den soeben festgelegten Bildbereich, den Sie mit dem Auswahlrahmen eingegrenzt haben, auszuschneiden. Klicken Sie dazu in der Menüzeile auf

Bild

und im dann geöffneten Menü auf den Befehl.

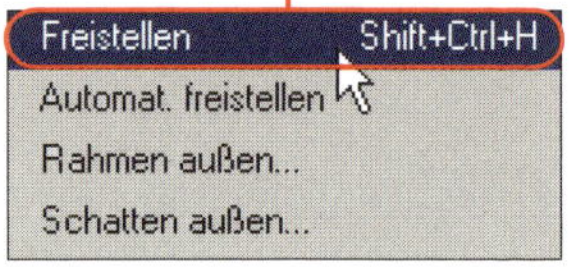


**10** Den freigestellten Ausschnitt speichern Sie unter einem neuen Dateinamen, wie beispielsweise in Schritt 8 auf Seite 55/56 beschrieben. Anschließend können Sie das Bild, das jetzt das Seitenverhältnis eines traditionellen Fotos aufweist, mit dem eigenen Drucker im Fotoformat ausdrucken oder zum Fotolabor schicken.

# Bildern klassische Proportionen geben

Das passende Druckformat ist das eine, was sich mit dem gezielten Zuschneiden von Bildern erreichen lässt. Des Weiteren können Sie Ihren Bildern damit aber auch den letzten Schliff geben. Die Rede ist hier vom „Goldenen Schnitt", der Künstlern von Leonardo da Vinci bis hin zu Piet Mondrian seit Jahrhunderten dabei geholfen hat, ihre Bilder nach den klassischen Proportionen eines griechischen Tempels aufzuteilen.

Der Goldene Schnitt wurde bereits vor gut 2500 Jahren erstmals mathematisch beschrieben und bedeutet (sehr grob gesagt), dass eine Strecke so aufzuteilen ist, dass die kürzere Teilstrecke zur längeren Teilstrecke im selben Verhältnis steht wie die längere Teilstrecke zur Gesamtstrecke. Ein Quadrat verdeutlicht dies schematisch:

Rechnet man dieses Seitenverhältnis aus, kommt man auf eine Zahl, die Mathematiker $\phi$ (sprich „Phi") nennen und die sich - ähnlich wie die bekanntere Zahl $\pi$ („Pi") - unendlich weiterrechnen lässt. Hier aber reicht es aus, $\phi$ mit zwei Nachkommastellen zu beziffern: 1,62.

Das klingt nun alles furchtbar theoretisch, doch in der praktischen Anwendung zeigt sich rasch, welche enormen - und weitgehend unbekannten - Möglichkeiten zur Bildgestaltung dieser zweieinhalbtausend Jahre alte Trick bietet.

Grundsätzlich ist am folgenden Beispielfoto nicht viel auszusetzen: Die Belichtung stimmt, der Abendhimmel liefert jede Menge Stimmung, und das Bild zeichnet an allen Stellen scharf. Dennoch könnte das Foto irgendwie ausgewogener wirken. Ein gutes Übungsbeispiel für den Goldenen Schnitt.

**Hilfslinien**

Die Hilfslinien, die im Verlauf der folgenden Schritt-für-Schritt-Anleitung eingezogen werden, dienen nur der Verdeutlichung. Wenn Sie diese Hilfslinien in Ihren Fotos ebenfalls markieren möchten, sollten Sie sich vergewissern, dass Sie diese Zwischenschritte in eigenen Bilddateien speichern (siehe Seite 47), und dass das Original, das Sie zuvor in einer separaten Datei gesichert haben, nicht verändert wird.

**1** Zu Beginn gilt es herausfinden, was denn eigentlich die einzelnen Teilstrecken, anhand derer das Bild aufgeteilt werden muss, sein sollen. Dazu müssen erst einmal die Hauptachsen des Bildes bestimmt werden. Dies tun Sie ganz nach Gefühl. Legen Sie einfach fest, wo Sie persönlich das wichtigste Motivelement sehen.

Sie können sich die Hauptachsen farblich verdeutlichen, indem Sie sie als Linien (siehe Kasten) einziehen.

**2** Um eine Linie im Bild einzeichnen zu können, klicken Sie als Erstes in der Werkzeugleiste rechts auf das Symbol ●.

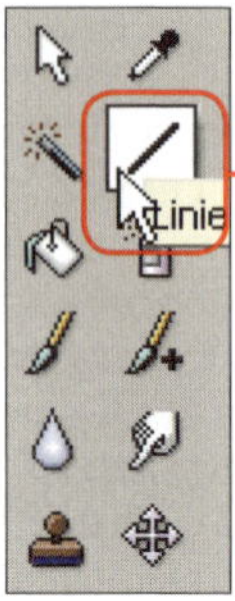


**3** Anschließend führen Sie den Mauszeiger über die Farbpalette, die oberhalb der Werkzeugleiste platziert ist. Hier verändert sich der Mauszeiger zu einer Pipette, mit der Sie per Klick die gewünschte Farbe von der Palette aufnehmen, im Beispiel ●.

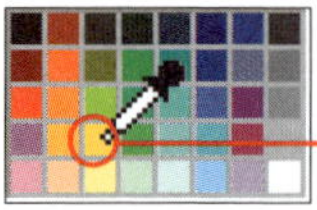

Die ausgewählte Farbe ist dann oberhalb der Palette als großes Quadrat zu sehen. Wenn Sie auf die rechte (!) Maustaste klicken, können Sie dem Malwerkzeug noch eine weitere Farbe zuordnen, die dann unterhalb der aktiven Farbe auftaucht, etwa ●. Um die Farbe bei der Arbeit zu wechseln, klicken Sie einfach auf ●.

.

**4** Als Nächstes klicken Sie am Startpunkt der Linie in das Bild, halten die Maustaste gedrückt und ziehen den Mauszeiger mit weiterhin gedrückter Maustaste in die gewünschte Richtung. Zusätzlich zum Mauszeiger wird hierbei das Liniensymbol ●

eingeblendet. Sobald Sie die Maustaste am Ende loslassen, wird die Linie in der aktiven Farbe eingezeichnet.

**Komfortable Linienführung**

Das Ziehen von waagerechten, senkrechten oder auch diagonalen Linien wird spürbar einfacher, wenn Sie nicht nur die linke Maustaste, sondern auch die ⇧-Taste gedrückt halten. Denn dadurch wird die Linienführung so arretiert, dass nur noch horizontale, vertikale oder diagonale Linien gezogen werden.

**5** Haben Sie die Hauptachsen des Bildes definiert und vielleicht sogar mit Hilfslinien markiert, brauchen Sie jetzt nur noch den Mauszeiger auf diese Linien zu setzen und können nun ablesen, dass z.B. die vertikale Linie ●, die Sie nach Gefühl gezogen haben,

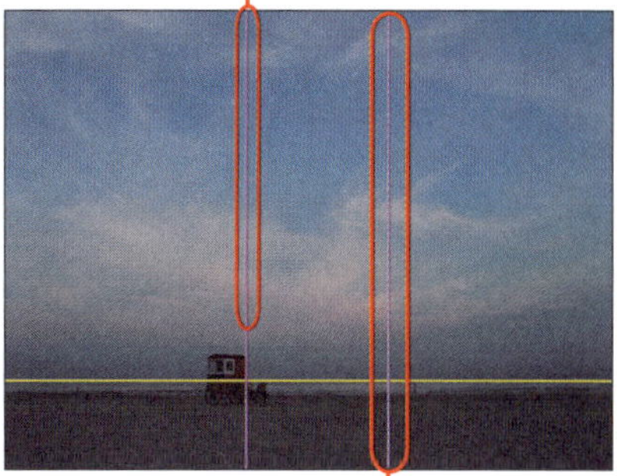

das Bild bei etwa 1138 Bildpunkten schneidet. Die Position des rechten Bildrandes lässt sich bestimmen, indem Sie diese 1138 Pixel durch den Phi-Wert 1,62 teilen. Das Ergebnis: Die kürzere Horizontalstrecke ist (1138 : 1,62 =) 702 Pixel lang, und der rechte Bildrand ● liegt folglich bei (1138 + 702 =) 1840 Pixeln.

6 Ebenso verfahren Sie mit der horizontalen Hauptlinie. Diese schneidet das Bild bei 1717 Pixeln, ist also, da das Bild eine Höhe von 2136 Punkten hat, genau (2136 - 1717 =) 419 Bildpunkte lang. Angesichts der vorgefundenen Proportionen ist diese 419 Pixel lange Strecke die kürzere. Sie ermitteln die Position des oberen Bildrandes, indem Sie diese Strecke mit dem Phi-Wert 1,62 multiplizieren. Das Ergebnis (419 × 1,62 =) 679. Die Gesamtlänge der Vertikale beträgt folglich (419 + 679 =) 1098 Pixel. Also liegt der obere Bildrand bei (2136 - 1098 =) 1038 Pixeln.

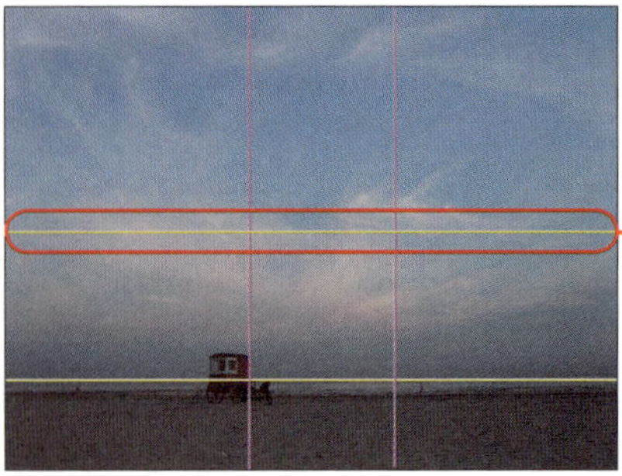

7 Wie gesagt: Die Hilfslinien dienen nur zur Verdeutlichung. Um das Bild nun nach den Regeln des Goldenen Schnittes zuzuschneiden, müssen Sie nur die Eckpunkte des Bildbereichs kennen. Diese liegen beim Beispielbild, in dem der linke untere Quadrant der zentrale Bildteil sein soll, bei 1098 Pixeln von oben und 1840 Pixeln von links gemessen.

Damit Sie den richtigen Bildbereich markieren können, sollten Sie das Bild zunächst auf dem Monitor vergrößern. Klicken Sie dazu neben dem Zoom-Feld auf den Pfeil und danach auf ,

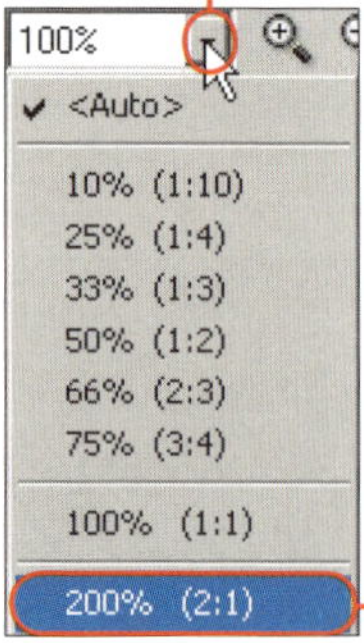


damit Sie die Pixel möglichst genau treffen.

8 Nun klicken Sie in der Werkzeugpalette am rechten Fensterrand auf das Auswahlwerkzeug und anschließend auf das Symbol .

9 Danach setzen Sie den Mauszeiger ganz links im Bild auf „0:1098“. Die genaue Position des Mauszeigers können Sie in der Statusleiste am unteren Rand

des Programmfensters ablesen: .

Drücken Sie dann die linke Maustaste, und markieren Sie einen rechteckigen Ausschnitt, der in die gewünschte Richtung - also rechts unten - weist. Die Größe dieses Ausschnitts spielt zunächst keine Rolle, sofern nur die linke obere Ecke stimmt.

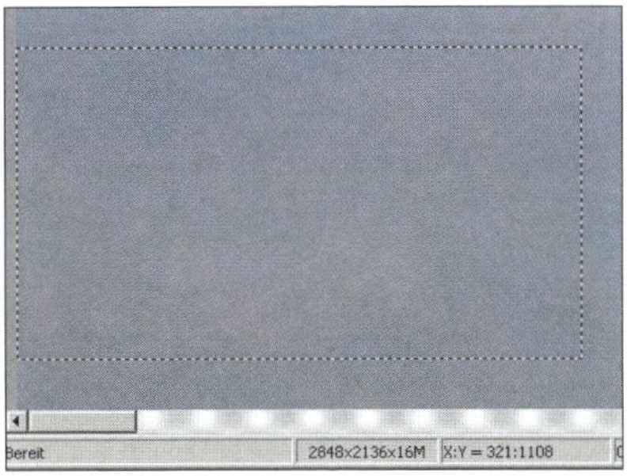


**10** Um im Programmfenster die nötige Übersicht zu erhalten, sollten Sie die Bildanzeige wieder verkleinern. Klicken Sie dazu neben dem Zoom-Feld wie üblich auf den Pfeil  und danach auf den Eintrag .

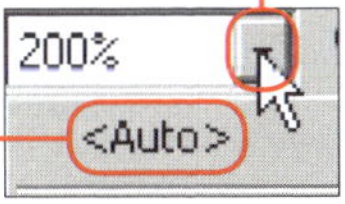


Wenn Sie jetzt mit dem Mauszeiger über den Rand des markierten Rechtecks fahren, verwandelt sich der Zeiger in einen Doppelpfeil. Damit können Sie den markierten Bereich so weit ausdehnen, dass Sie dem ungefähren Zielpunkt des Ausschnitts möglichst nahe kommen.

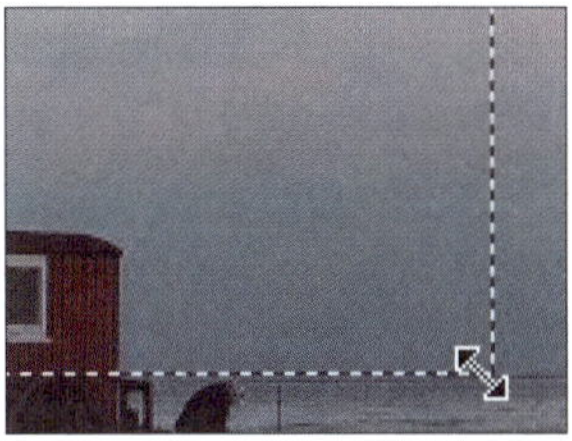

**11** Jetzt ist erneut Feinarbeit gefragt: Zoomen Sie das Bild abermals auf ,

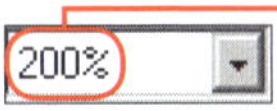


und setzen Sie die rechte untere Ecke des markierten Ausschnitts auf die Position „1840:2136“ ,

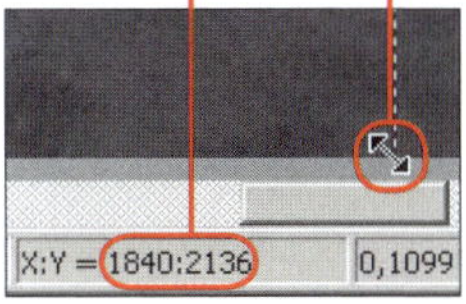


indem Sie die Angaben in der Statusleiste, die sich während der Mausbewegung ständig ändern, immer im Auge haben.

**12** Um das Bild in den markierten Maßen freizustellen, brauchen Sie jetzt nur noch die Tastenkombination ⇧, Strg und H zu drücken. Nun haben Sie ein Foto, das genauso proportioniert ist wie der Parthenon auf der Akropolis in Athen.

# Ganz edel: Schwarz-Weiß

Als letzte Möglichkeit der Bildoptimierung soll Ihnen in diesem Kapitel gezeigt werden, wie Sie ein Farbfoto in ein edles Schwarz-Weiß-Bild umwandeln können.

Auch das Beispielfoto lässt nur wenig zu wünschen übrig - sieht man mal von der Frisur der Figur im Vordergrund ab. Wenn man sich allerdings vorstellt, dass es sich hier um zwei junge Nachwuchskünstler aus der Heavy-Metall-Szene handelt, die gern ein genretypisches Bild für ihre ersten Veranstaltungsplakate hätten, besteht doch Handlungsbedarf. Denn dazu ist ein buntes Foto bekanntlich denkbar ungeeignet.

**1** Der erste Schritt zum Umwandeln des Farbbildes in ein Schwarz-Weiß-Foto ist am einfachsten: Klicken Sie in der Menüzeile auf „Filter", im dann geöffneten Menü auf ● und schließlich auf ●.

Das Ergebnis ist schon recht passabel, kann aber noch verbessert werden, denn was Sie hier sehen, ist zunächst mal ein Farbfoto, dem die Farben abhanden gekommen sind:

**2** Um nun ein richtiges Schwarz-Weiß-Bild zu erhalten, gilt noch immer die alte Fotografenregel aus dem „vor-digi-

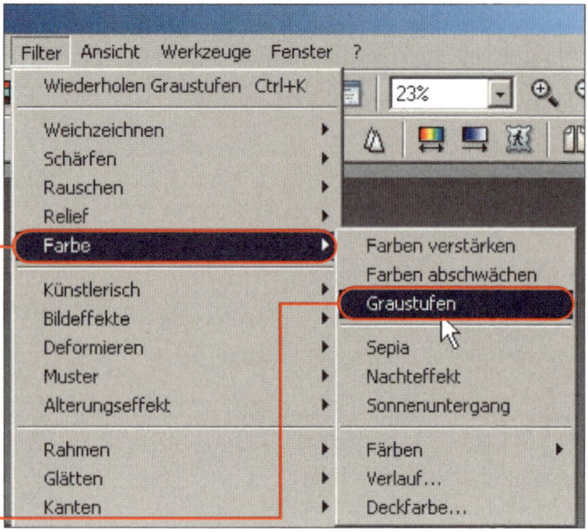

talen“ Zeitalter: Farbbilder sind immer etwas knapper zu belichten, während Schwarz-Weiß-Bilder ganz leicht überbelichtet werden sollten. Also klicken Sie in der Menüzeile auf

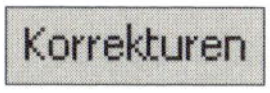


und im aufklappenden Menü auf den Befehl

.

**3** Im Fenster, das daraufhin geöffnet wird, können Sie die gewünschten Einstellungen vornehmen. Erhöhen Sie die Helligkeit des Bildes durch Ziehen des Schiebereglers um 15%, und passen Sie auch den Kontrast an. Im vorliegenden Fall dürfen das ruhig 30 % sein:

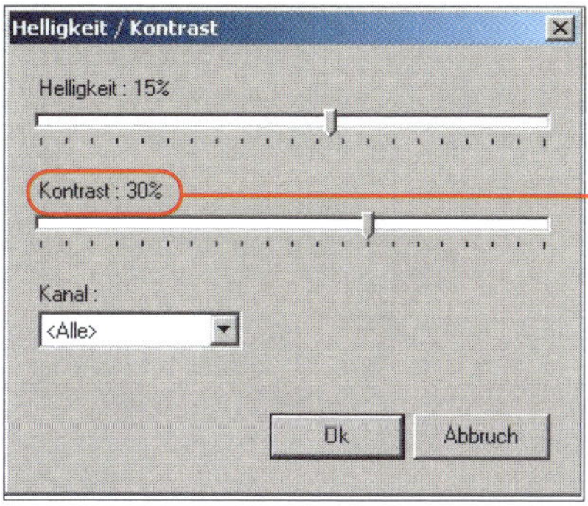


Wie das genau geht, können Sie bei Bedarf auf Seite 33/34 nachlesen. Zur Bestätigung folgt ein Klick auf die Schaltfläche

.

**4** Den letzten Schliff bekommt das Bild, wenn Sie die Gammakurve etwas „steiler“ anlegen. Wie bereits auf Seite 28 gezeigt, klicken Sie dazu im geöffneten Menü

auf den Befehl

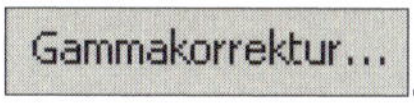

.

**5** Danach verringern Sie das Gamma-Level mit der beschriebenen Methode auf „0,70“, bevor Sie zu Bestätigung wieder auf

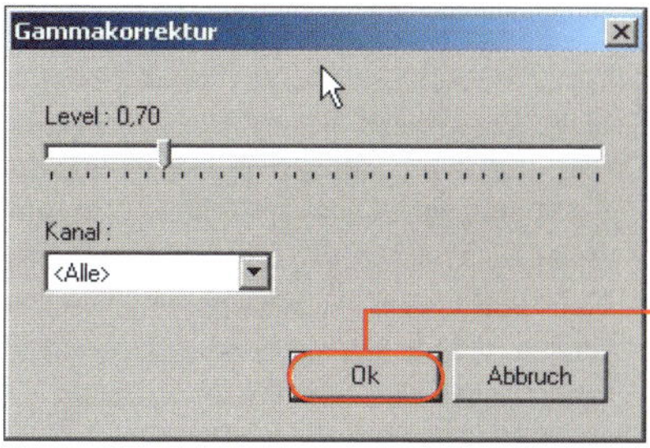


klicken. Nun haben Sie ein Schwarz-Weiß-Foto, das nicht nur den Freunden harter Rockmusik, sondern auch den Fans des „Film Noir“ gefallen müsste:

## Grundvoraussetzung: Gute Bilder

Inzwischen kennen Sie alle wichtigen Funktionen, die Ihnen PhotoFiltre zur Optimierung von Bildern zur Verfügung stellt. Allerdings sind der technischen Nachbearbeitung von Bildern auch Grenzen gesetzt: Aus einem Foto, das von Anfang an nicht viel getaugt hat, lässt sich kaum ein Spitzenbild machen. Um also Bilder erfolgreich bearbeiten zu können, bedarf es einiger Vorbereitung, die spätestens beim Fotografieren beginnt. Hier die wichtigsten Tipps:

**Nicht wackeln!**

Sie haben zwar gesehen, dass man leicht verwackelte Bilder nachträglich schärfer stellen kann, aber Wunder sind dabei nicht zu erwarten. Also gilt es, möglichst „unverwackelte" Fotos zu machen. Was an hellen Sommertagen kein Problem ist, kann bei knapperem Licht schnell zur Herausforderung werden. Abhilfe schafft ein einfaches und leicht zu transportierendes Stativ, das Sie schon für unter 50 Euro erwerben können.

Sollten Sie gerade kein Stativ zu Hand haben, suchen Sie sich zum Fotografieren einen möglichst sicheren Stand, stützen Sie nach Möglichkeit beide Arme fest auf einen Tisch, drücken Sie die Kamera gegen einen Pfahl oder Baum, oder improvisieren Sie sonst ein Behelfs-Stativ.

**Hohe Auflösungen verwenden!**

Auch wenn die meisten Digitalfotografen beim Kauf ihrer Kamera auf eine möglichst hohe **Bildauflösung** achten: Im Alltag wird diese, um Platz auf dem Speicherchip zu sparen, nur selten verwendet. Wie Sie gesehen haben, bleibt bei der Bildbearbeitung aber oft genug ein beachtlicher Teil der ursprünglichen Bildauflösung „auf der Strecke". Daher sollten Sie grundsätzlich mit der maximalen Auflösung fotografieren. Kleiner rechnen können Sie das Bild später immer noch. Sollten Sie sich um den verfügbaren Speicherplatz sorgen, empfiehlt sich die Anschaffung eines Reserve-Chips: **Speicherkarten** mit einer Kapazität von 512 **Gigabyte** kosten inzwischen weniger als 30 Euro und bieten Platz für rund 140 Bilder mit einer Auflösung von sechs Megapixeln.

**Reichlich Bilder machen!**

Wenn Sie ein Motiv gefunden haben, belassen Sie es nicht bei einem oder zwei schnell geknipsten Fotos. Machen Sie möglichst viele Aufnahmen, und variieren Sie dabei die Perspektive und Ihren Standpunkt. Oft stellt sich erst bei der späteren Kontrolle am PC heraus,

!

welcher Blickwinkel sich zur Nachbearbeitung am besten eignet.

In diesem Zusammenhang noch ein wichtiger Hinweis: Der **Autofokus** ist nicht dazu da, dem Fotografen unnötige Fußmärsche zu ersparen. Wenn Sie ein Motiv gefunden haben, das Sie interessiert, sollten Sie sich zunächst diesem Motiv so weit nähern, dass Sie die optimale Schussposition haben. Erst dann können Sie mit den verschiedenen Brennweiten des Autofokus experimentieren.

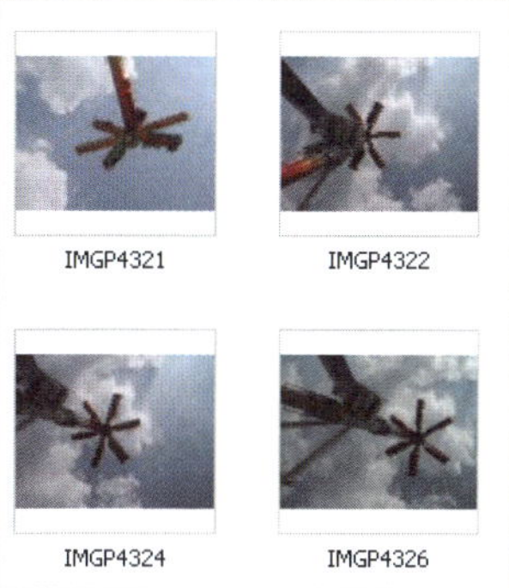


**Noch mehr Bilder machen!**

Dasselbe gilt für die Belichtung eines Bildes: Auch hier sollten Sie für möglichst viele Varianten sorgen, etwa indem Sie die Kamera erst auf ein dunkles Motivelement richten und den Messpunkt halten, während Sie den gewünschten Ausschnitt bestimmen – und dasselbe anschließend mit einem hellen Motivelement wiederholen. Die meisten kompakten Digitalkameras bieten mehrere „Motivprogramme“, die sich in der Regel durch ihre Belichtungsmethoden unterscheiden. Probieren Sie ruhig verschiedene dieser Programme aus.

Bei digitalen Spiegelreflexkameras finden Sie häufig eine Funktion namens „Auto Bracketing“, die auch einige Kompaktkameras aufweisen: Wenn Sie diese Funktion aktivieren, macht die Kamera automatisch drei Aufnahmen statt einer einzigen. Dabei wird ein Bild normal belichtet, eines leicht unterbelichtet und das dritte leicht überbelichtet. Damit wächst die Chance auf perfekt belichtete Bilder erheblich.

# 5 PhotoFiltre professionell einrichten

Wer mehr oder weniger regelmäßig mit PhotoFiltre arbeitet, wird feststellen, dass er einzelne Funktionen besonders häufig, andere wiederum nur selten benötigt. Darüber hinaus sind auch bei der Benutzeroberfläche die Geschmäcker verschieden: Was der eine Anwender als ungeheuer praktisch empfindet, ist für den anderen vielleicht nur überflüssiger Firlefanz - und umgekehrt. Glücklicherweise können Sie PhotoFiltre ganz individuell auf die eigenen Bedürfnisse zuschneiden und sich die regelmäßige Bildbearbeitung dadurch erheblich erleichtern.

Im fünften Kapitel dieses Buches erfahren Sie,

- wie Sie die Benutzeroberfläche von PhotoFiltre ganz nach Wunsch einrichten,
- wie Sie das Programm so einrichten, dass die meisten Standard-Funktionen automatisch ablaufen,
- und wie Sie auch bei größeren Bildmengen stets die Übersicht behalten können.

### Kapitel-Wegweiser

# Verschiedene Anzeigemöglichkeiten

Das Menü „Ansicht“ enthält verschiedene Optionen, mit denen Sie festlegen können, wie viel Platz ein zu bearbeitendes Bild auf dem Bildschirm einnehmen darf.

**1** Um Zugriff auf diese Funktionen zu bekommen, klicken Sie in der Menüleiste von PhotoFiltre auf ●.

Anschließend finden Sie hier - auch wenn im Arbeitsbereich noch kein Bild geöffnet ist - drei Befehle: ●.

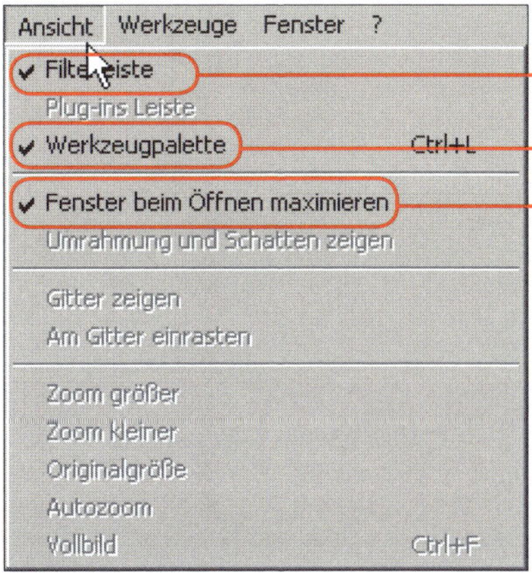


Die Häkchen davor weisen darauf hin, dass die entsprechenden Optionen aktiviert sind.

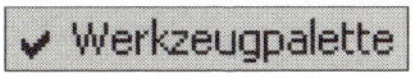


**2** Wenn Sie möchten, dass immer nur das Foto, das gerade bearbeitet wird, zu sehen ist, sollte vor der Option

unbedingt ein Häkchen gesetzt sein. Sollte dies nicht der Fall sein, klicken Sie den Eintrag einfach an. Diese Funktion sorgt dafür, dass ein Bild, das Sie in PhotoFiltre laden, als Vollbild angezeigt wird. Das gilt auch, wenn mehrere Fotos in PhotoFiltre geöffnet sind. Das oberste Fenster überlagert somit alle anderen Bilder.

**3** Um von einem Bild, das gerade im Vollbildmodus angezeigt wird, zu einem anderen geöffneten Bild zu wechseln, klicken Sie auf ● und im dann aufgeklappten Menü auf das gewünschte Foto, etwa ●.

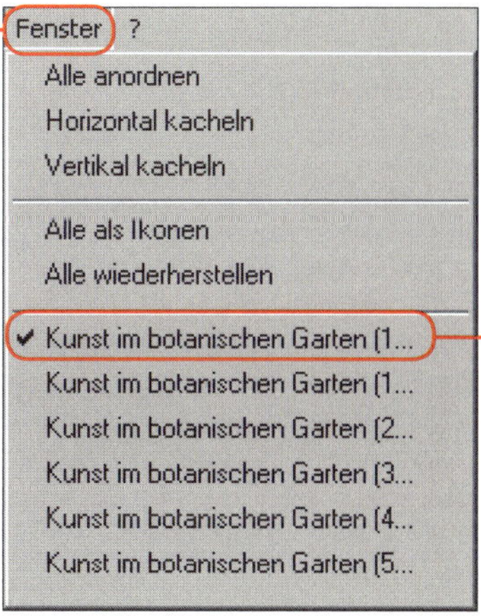

Daraufhin taucht das Foto im Vollbildmodus auf.

**4** Damit alle Bilder verkleinert nebeneinander angeordnet werden, klicken Sie im geöffneten Menü ● auf den Eintrag ●.

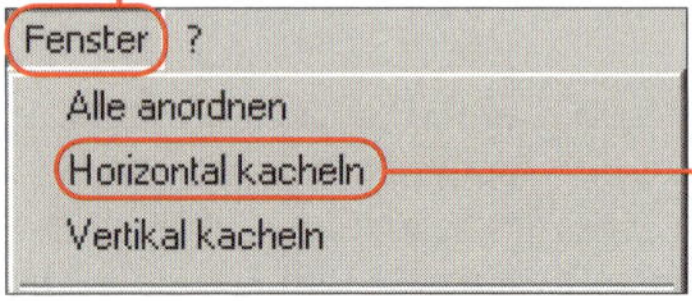


**5** Sie können aber auch alle geöffneten Bilder im Fenster von PhotoFiltre „stapeln" lassen. Klicken Sie dazu einfach auf den Eintrag

.

Damit ein Bild aus dem Stapel in den Vordergrund rückt, brauchen Sie nur in die Titelzeile ●

des entsprechenden Fensters zu klicken. Per Doppelklick wird das Foto im Vollbildmodus dargestellt.

**6** Vermutlich weniger wichtig sind im Ansicht-Menü die beiden anderen Optionen ●.

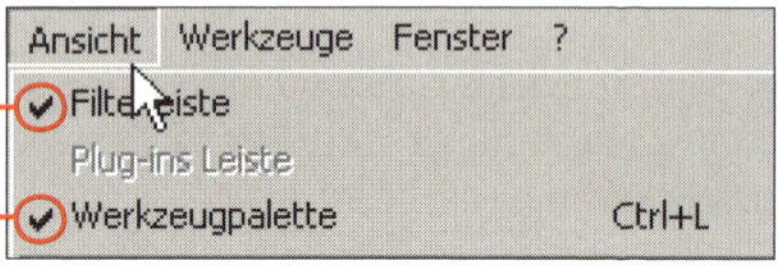


Die „Filterleiste" bezieht sich auf die untere Symbolleiste ● und die „Werkzeugpalette" auf die Werkzeugsymbole ●, die Sie am rechten Rand des Programmfensters finden.

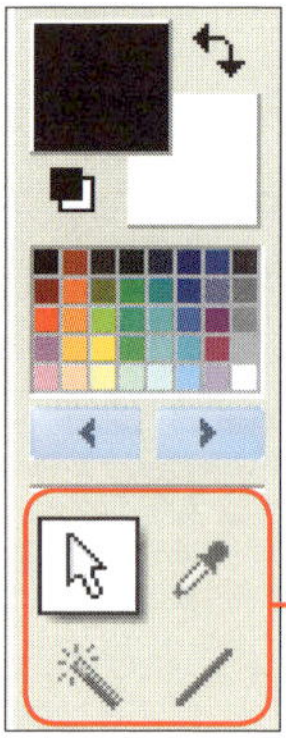

**7** Sofern es Ihnen nur darum geht, einmal geknipste Aufnahmen zu optimieren, können Sie auf diese beiden Anzeigeoptionen sicher verzichten. In diesem Fall klicken Sie im geöffneten Ansicht-Menü je einmal auf diese beiden Befehle: Daraufhin verschwindet das Häkchen vor der jeweiligen Option ●, und das Programmfenster bietet deutlich mehr Platz fürs Bild.

## Programmeinstellungen nach Maß konfigurieren

Damit Sie PhotoFiltre noch mehr auf Ihre persönlichen Vorlieben zuschneiden können, brauchen Sie als Erstes Zugriff auf das Fenster „Einstellungen".

**1** Klicken Sie dazu in der Menüleiste auf ● und im geöffneten Menü auf den Eintrag ●.

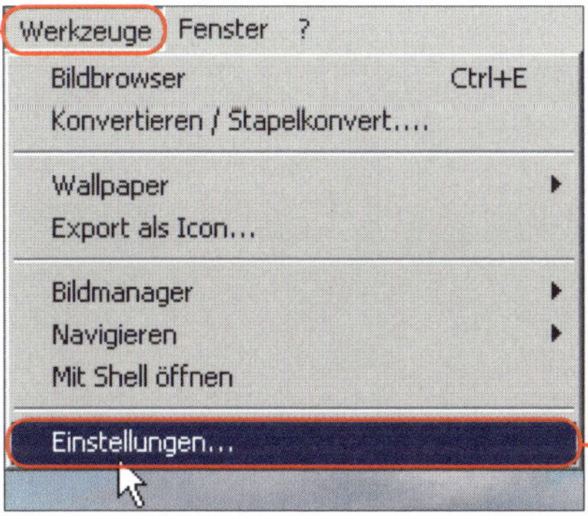


**2** Daraufhin öffnet PhotoFiltre ein Fenster, in dem Sie die wichtigsten Basis-Einstellungen des Programms ganz nach Wunsch vornehmen können. Mit Mausklicks auf die Navigationspfeile rechts und links ●

blättern Sie vorwärts oder rückwärts

durch die verschiedenen Einstellungsoptionen.

**3** Um eine Option direkt aufzurufen, klicken Sie einfach rechts neben dem Auswahlfeld auf den nach unten weisenden Pfeil

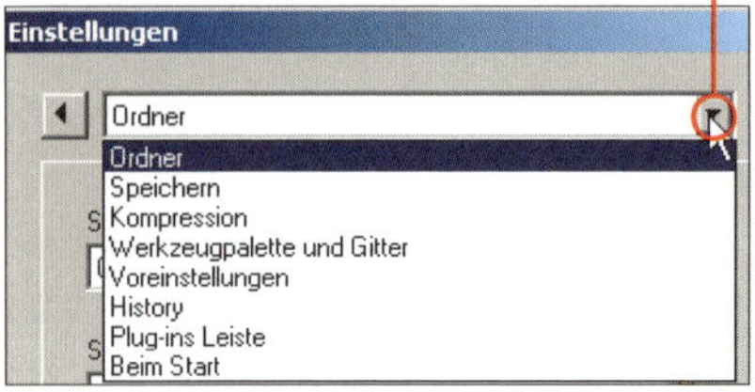


und anschließend auf das gewünschte Thema. Sie können alle Einstellungen in den verschiedenen Bereichen nacheinander vornehmen und dann abschließend einmal mit

bestätigen. Danach wird das Fenster geschlossen. Selbstverständlich können Sie aber auch jede Einstellung einzeln bestätigen. In dem Fall müssen Sie für weitere Einstellungen das Dialogfenster jedoch immer wieder öffnen.

Im Einzelnen können Sie im genannten Fenster folgende Einstellungen vornehmen:

## Standardordner wählen

Normalerweise merkt sich PhotoFiltre den Ordner, aus dem Sie das letzte Bild zur Bearbeitung ausgewählt haben, ebenso wie den Ordner, in dem Sie das zuletzt bearbeitete Bild gespeichert haben. Wenn Sie eine **Datei** öffnen, greift PhotoFiltre auf den zuletzt genutzten Ordner zu. Das Gleiche gilt für das Speichern von Dateien.

**1** Wenn Sie wissen wollen, welche Ordner zurzeit in Benutzung sind, müssen Sie im Auswahlfeld nur angeklickt haben. Im Beispiel sehen Sie nun, dass die Ordner

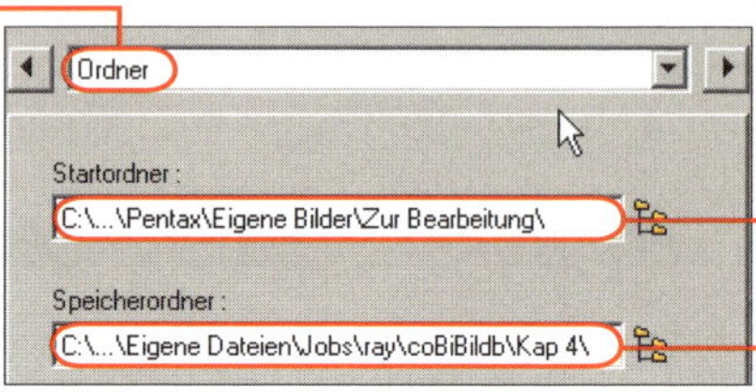


verwendet werden. Mit einem Klick auf

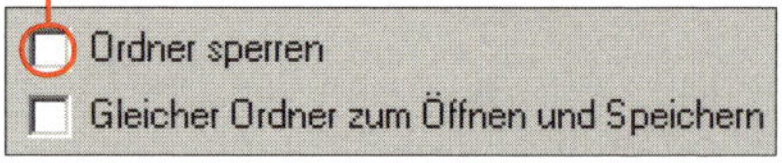


setzen Sie ein Häkchen in das Kontrollkästchen und sperren damit die automatische Anpassung der Ordner und sorgen so dafür, dass die angezeigten Ordner beibehalten werden. Sollen Start- und Speicherordner identisch sein, setzen Sie auch ins Kontrollkästchen darunter ein Häkchen.

**2** Sie können die gewünschten Ordner auch manuell festlegen.

Um diese Option zu aktivieren, klicken Sie einfach rechts vom Eingabefeld für den jeweiligen Ordnernamen auf das

Symbol .

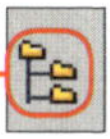

PhotoFiltre gibt Ihnen daraufhin die Möglichkeit, die **Verzeichnisstruktur** Ihrer **Festplatte** zu durchsuchen und die gewünschten Ordner per Mausklick auszuwählen, etwa .

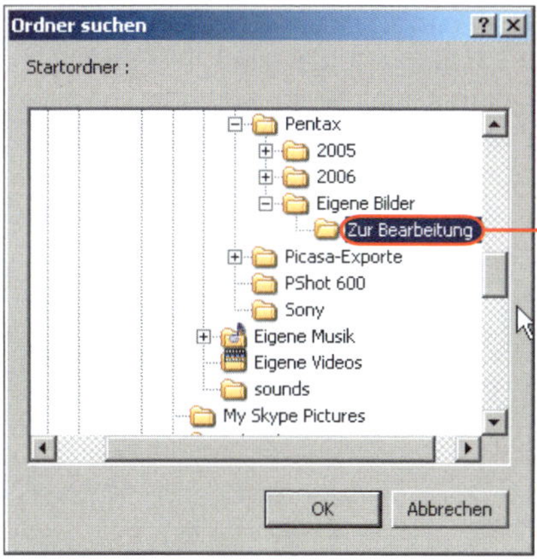


## Speicherformat bestimmen

Der nächste Punkt im Auswahlfenster für die Programmeinstellungen betrifft das Speichern. Normalerweise speichert PhotoFiltre eine Datei in dem Format, in dem es diese vorgefunden hat. Die **JPEG**-Dateien Ihrer Digitalkamera werden also wieder im JPEG-Format gespeichert. Sollten Sie mal ein anderes Speicherformat bevorzugen, können Sie dies hier einstellen.

1 Dazu klicken Sie zunächst in das Kästchen und öffnen dann darunter per Klick auf den nach unten weisenden Pfeil

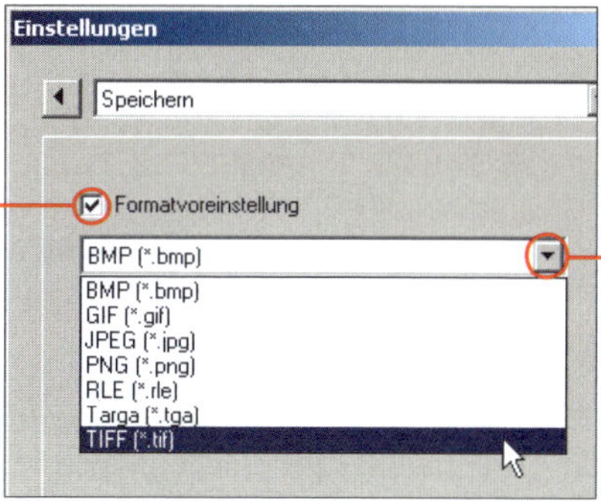


die Formatliste. Hier können Sie nun mit einem Mausklick bestimmen, in welchem Format Ihre Bilder künftig abgelegt werden.

2 Darüber hinaus finden sich in diesem Auswahlfenster noch zwei weitere Einstellungsmöglichkeiten: Ein Klick in das Kästchen

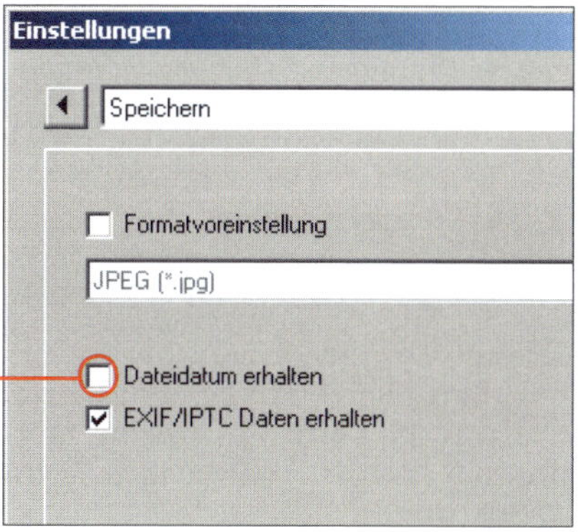

sorgt dafür, dass eine bearbeitete Datei von Windows nicht mit dem Datum der letzten Bearbeitung versehen wird wie normalerweise üblich, sondern das ursprüngliche Datum beibehalten wird. Sie sollten von dieser Option nur sehr vorsichtig Gebrauch machen. Denn es erleichtert die Suche nach verschiedenen Dateien erheblich, wenn man diese im Arbeitsplatz-Fenster nach dem jeweils letzten Änderungsdatum sortieren lassen kann. Achten Sie also darauf, dass hier kein Häkchen erscheint.

3 Dagegen sollte das Kästchen darunter unbedingt angeklickt bleiben beziehungsweise mit einem Häkchen versehen sein: ●.

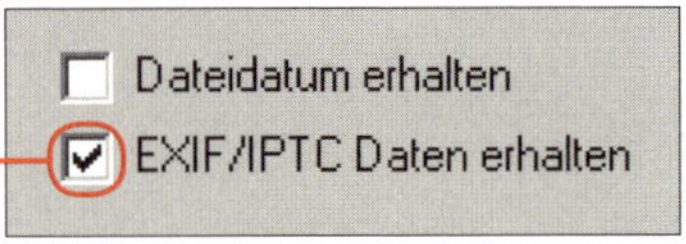


Die „EXIF/IPTC Daten" werden von der Kamera automatisch mit jedem Bild gespeichert und geben Aufschluss über Datum und Uhrzeit der Aufnahme sowie über die wichtigsten Kamera-Einstellungen. So können Sie jederzeit nachsehen, wann die Aufnahme entstanden ist.

## Komprimierung festlegen

Sollte es Ihnen bereits auf die Nerven gehen, dass PhotoFiltre bei jedem Speichervorgang nachfragt, welche Kompression es wählen soll, können Sie für Abhilfe sorgen.

1 Dazu wählen Sie im geöffneten Dialogfenster „Einstellungen" (siehe Schritt 2 und 3 auf Seite 71/72) mit einem Mausklick erst mal den Eintrag ●.

2 Wenn Sie nun – wie empfohlen – Ihre Bilder grundsätzlich in maximaler Qualität speichern und nicht jedes Mal danach gefragt werden möchten, klicken Sie einfach auf das Optionsfeld ● (daraufhin erscheint dort ein Punkt) und setzen anschließend den Schieberegler auf 100 Prozent: ●.

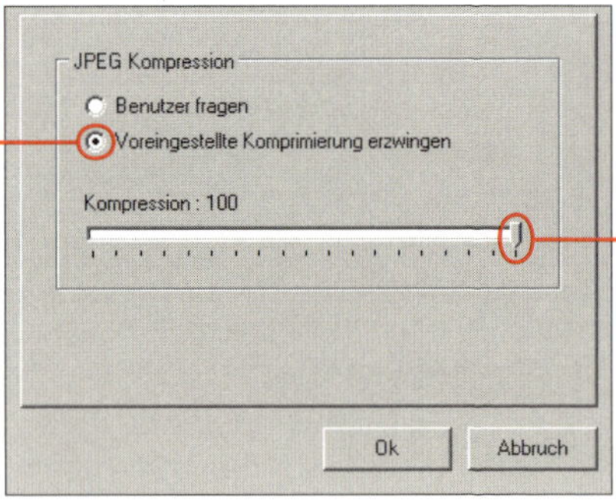


## Werkzeugpalette platzieren

Weiter vorne auf Seite 71 haben Sie die Werkzeugpalette aus dem PhotoFiltre-Programmfenster verbannt, um mehr Platz für Bilder freizumachen. Sie können die Palette bei Bedarf aber auch ganz exakt positionieren, sogar außerhalb des PhotoFiltre-Fensters. Setzen Sie dazu, nachdem Sie im Einstellungsfenster den Eintrag angeklickt haben, im Bereich „Werkzeugpalette Ausrichtung" per Mausklick einen Punkt in den oberen Kreis .

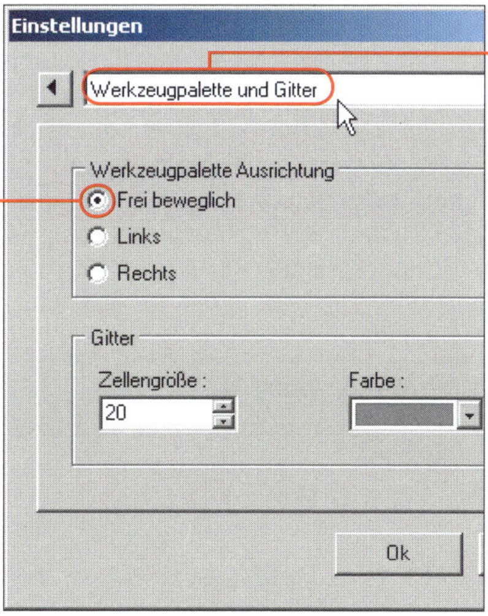


Sobald Sie die Einstellung mit einem Mausklick auf die Schaltfläch

bestätigt haben, verwandelt sich die Werkzeugpalette in ein eigenes Windows-Fenster, das Sie nach Belieben durch Ziehen mit gedrückter linker Maustaste auf der Windows-Oberfläche platzieren können, auch außerhalb des PhotoFiltre-Fensters, beispielsweise hier: .

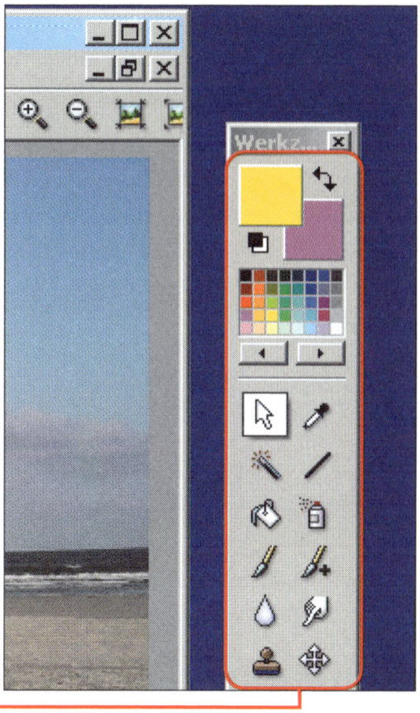

## Gitter anpassen

Das Gitter dient in PhotoFiltre zur besseren Orientierung bei der Bildbearbeitung. Während der Arbeit rufen Sie es auf, indem Sie in der Menüleiste auf und im geöffneten Menü auf den entsprechenden Eintrag klicken, sodass davor ein Häkchen erscheint: .

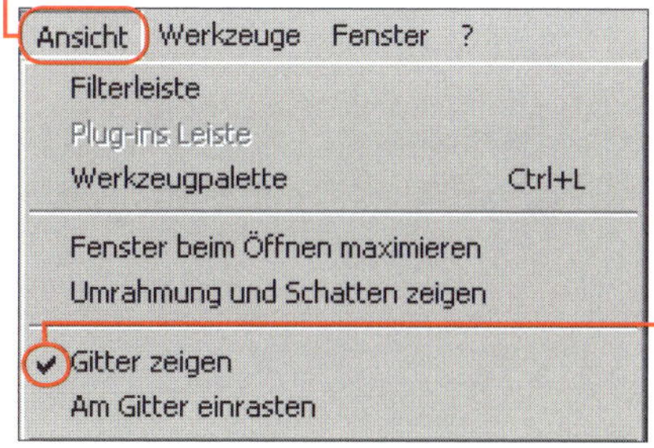

Im Einstellungsfenster lässt sich unterhalb der Werkzeugpaletten-Ausrichtung im Bereich „Gitter" auch das Erscheinungsbild des Gitterrasters in Größe und Farbe verändern: .

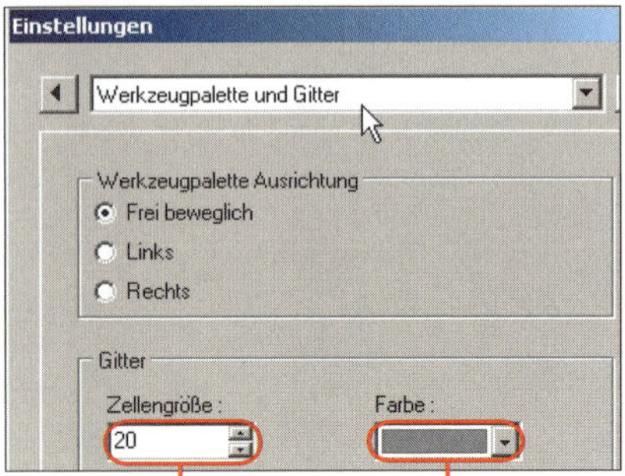


## Maßeinheiten beibehalten

Des Weiteren können Sie unter dem Punkt „Voreinstellungen" bestimmen, in welchen Maßeinheiten PhotoFiltre arbeiten soll. Die vorab eingestellten Werte sind **Pixel** für die Bilddarstellung und Zentimeter

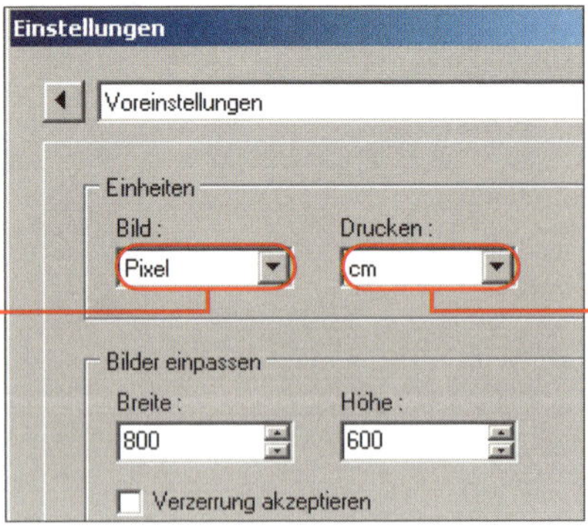


für die Druckvorbereitung. Beide Werte müssen normalerweise nicht verändert werden.

## Anzahl der zu speichernden Schritte festlegen

Auf Seite 46 haben Sie bereits erfahren, dass sich PhotoFiltre die jeweils letzten Bearbeitungsschritte merkt, um diese anschließend bei Bedarf wieder rückgängig zu machen. Wenn Sie im Einstellungsfenster den Eintrag „History" angeklickt haben, können Sie festlegen, wie viele Schritte genau das sein sollen. Die Einstellung erfolgt, indem Sie den Schieberegler

mit gedrückter Maustaste nach links oder rechts ziehen. Die Anzahl der Bearbeitungsschritte, die zwischengespeichert werden, erscheint oberhalb des Reglers, im Beispiel sind es „6". Die Skala unter dem Schieberegler informiert über den Speicherplatz, der benötigt wird.

Da große Bilddateien viel Speicherplatz beanspruchen, sollten Sie es zunächst bei den voreingestellten sechs

Schritten belassen, um Ihr PC-System nicht unnötig zu belasten.

## Schaltflächen für Zusatzprogramme ergänzen

Wenn Sie im Einstellungsfenster den Eintrag „Plug-ins Leiste“ angeklickt haben, können Sie dafür sorgen, dass Zusatzprogramme, so genannte Plug-ins, mit eigenen Schaltflächen in der Symbolleiste auftauchen. Voraussetzung ist natürlich, dass solche ergänzenden Zusätze installiert sind. Mehr dazu erfahren Sie in Kapitel 7.

## Zuletzt bearbeitete Bilder beim Start verbergen oder anzeigen

Im letzten Punkt des Einstellungsfensters können Sie festlegen, in welchem Zustand PhotoFiltre starten soll. Hier ist vor allem die Option interessant, mit der Sie die Liste der zuletzt bearbeiteten Dateien löschen können. Wenn Sie das Kontrollkästchen

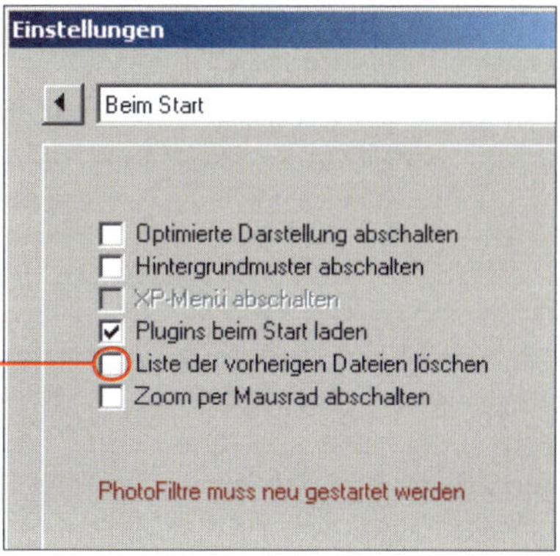


mit einem Mausklick markieren, ist für andere Benutzer des PCs nach dem Neustart von PhotoFiltre nicht ersichtlich, welche Bilder Sie zuletzt geöffnet haben. Demgegenüber erhalten Sie Einblick in die Liste der zuletzt bearbeiteten Dateien, wenn Sie in der Menüleiste auf und anschließend auf

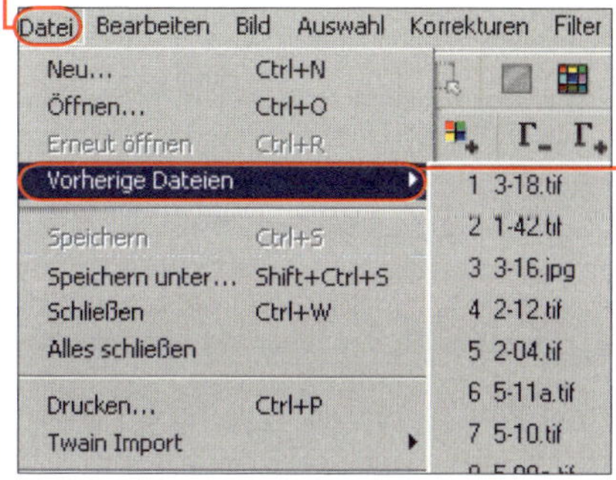


klicken. Mit einem Mausklick auf einen der dann gelisteten Dateinamen können Sie das Bild direkt öffnen.

# Bilder blitzschnell finden

Sobald Sie eine ansehnliche Menge digitaler Fotos auf Ihrer Festplatte haben, wird es schwierig, die Übersicht zu behalten. Schließlich bekamen alle diese Bilder von der Kamera automatisch einen Dateinamen, der IMGP4236.JPG oder ähnlich lautet. Bei der Orientierung hilft Ihnen der so genannte Bildbrowser von PhotoFiltre. Diese Zusatzfunktion bietet Ihnen Miniaturansichten Ihrer Fotos, sodass Sie Bilder, die Sie bearbeiten wollen, zügig finden und laden können.

**1** Um den Bildbrowser zu starten, klicken Sie in der Menüzeile auf ● und im geöffneten Menü auf den Befehl ●.

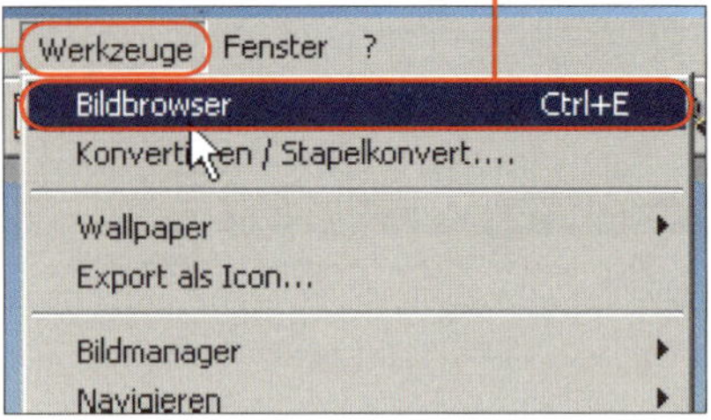


Alternativ können Sie auch die **Tastenkombination** [Strg] und [E] nutzen oder das Symbol

in der Symbolleiste anklicken.

**2** Daraufhin erscheint im unteren Bereich des Programmfensters von PhotoFiltre eine zunächst leere weiße Fläche. Um diese mit Bildsymbolen zu füllen, klicken Sie links neben der weißen Fläche auf das Pfeilsymbol ● und anschließend auf die Option ● sowie ●.

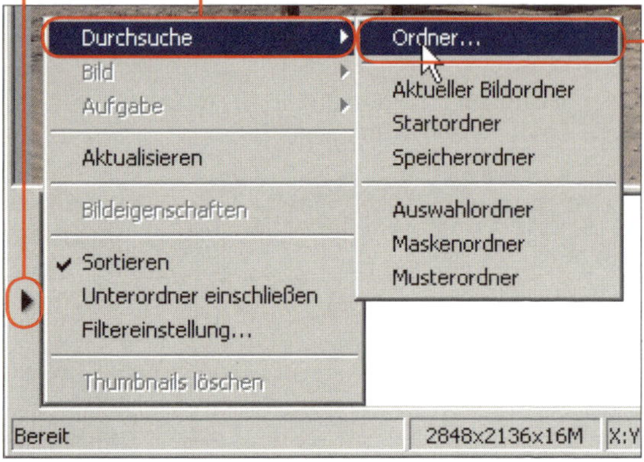


**3** Nun zeigt Ihnen PhotoFiltre einen **Verzeichnisbaum** Ihrer Festplatte. Wählen Sie mit einem Mausklick den gewünschten Ordner aus, im Beispiel ●,

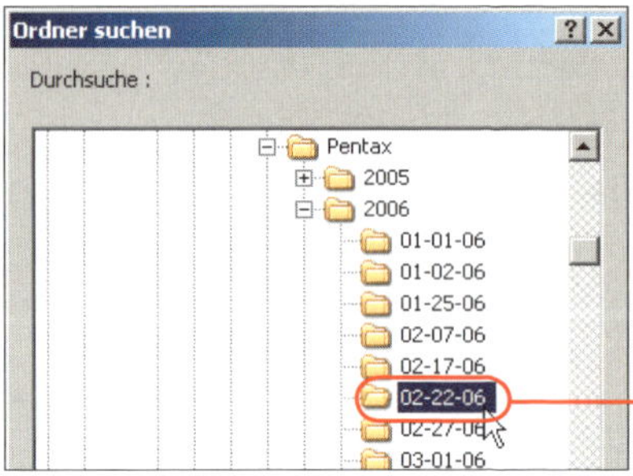

und klicken Sie zur Bestätigung wie üblich auf die Schaltfläche

.

**4** Nach wenigen Augenblicken - das hängt von der Anzahl der im Ordner enthaltenen Bilddateien ab - erscheinen sämtliche Fotos des Ordners in einer Miniaturansicht. Um eines dieser Bilder zur Bearbeitung in PhotoFiltre zu laden, genügt nun ein einfacher Doppelklick auf die angezeigten Miniaturbildchen.

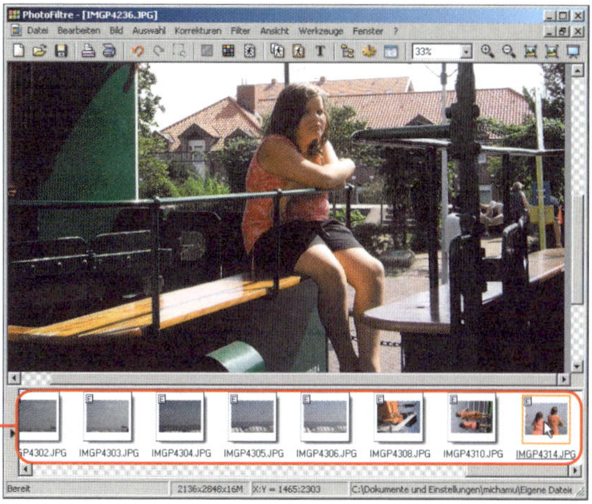

# 6 Bildgestaltung mit Filtern

Schon der Name legt nahe, dass „PhotoFiltre“ irgendetwas mit **Filtern** zu tun hat. Und in der Tat: PhotoFiltre bietet Ihnen gleich einen ganzen Haufen von so genannten Filtern. Der Begriff „Filter“ stammt aus der Zeit der herkömmlichen - also chemischen - Fotografie: Wollte man hier einen speziellen Bildeffekt erzielen, wurden spezielle Filter vor das Objektiv geschraubt, die beispielsweise Farben veränderten.

In der digitalen Fotografie steht dieser Begriff für spezielle Funktionen des Programms, mit deren Hilfe Sie Ihre Fotos am Computer bearbeiten, optimieren oder verfremden beziehungsweise völlig neu gestalten können. Rund 100 verschiedene Filter stehen zur Verfügung.

Einige dieser Funktionen haben Sie bereits kennengelernt, weitere werden Ihnen in diesem Kapitel vorgestellt. Experimentieren Sie einfach ein bisschen damit herum. Dann wird sich Ihnen die erstaunliche Bandbreite dieses leistungsfähigen Programms ganz von selbst erschließen.

Im sechsten Kapitel dieses Buches erfahren Sie,

- welche Filter Ihnen PhotoFiltre zur Optimierung von Bildern bietet,
- welche Filter zur kreativen Bildgestaltung zur Verfügung stehen
- und welche Spezialeffekte das Programm zu bieten hat.

### Kapitel-Wegweiser

# Das Filtermenü im Überblick

PhotoFiltre bietet in der aktuellen Version rund 100 verschiedene Filterfunktionen an. Dass mit neuen Versionen weitere Filter kommen, scheint ausgemacht. Um das Filtermenü zu öffnen, klicken Sie in der Menüzeile des Programmfensters auf ●. Daraufhin sehen Sie, dass das Menü in drei Abschnitte unterteilt ist. Diese könnte man überschreiben mit „Bildoptimierung" ●, „Bildgestaltung" ● und „Sonstiges" ●.

Aus diesem reichen Angebot haben Sie im zweiten Kapitel bereits die Filterfunktion fürs nachträgliche Schärfen von Bildern kennengelernt. Im Folgenden sollen Sie ein paar weitere Filter zur Optimierung von Fotos kennenlernen.

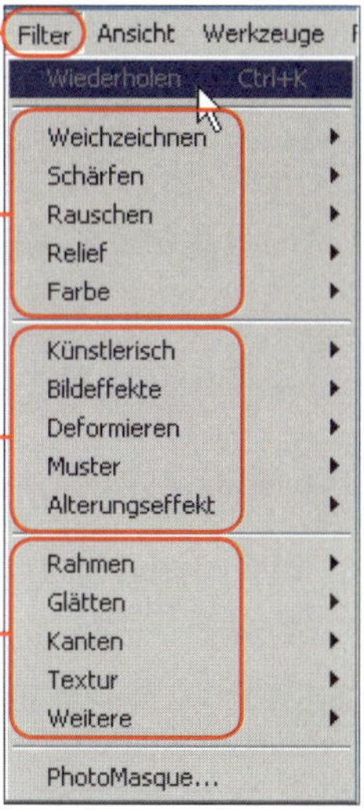


# Ein Porträt weichzeichnen

Quasi das Gegenteil der Schärfe-Filter sind die Weichzeichner. Weichzeichner werden bisweilen gern eingesetzt, wenn ein Porträt zu scharf und damit wenig schmeichelhaft ausgefallen ist. In der herkömmlichen Fotografie gab es dafür besondere Vorsatzlinsen. In der Digitalfotografie lassen sich nachträglich mit einem Weichzeichner kleine Fältchen und Hautunreinheiten gnädig überdecken.

**1** Da der Weichzeichner aus gutem Grund sehr behutsam zu Werke geht, sollten Sie den angezeigten Bildausschnitt zuvor im Feld ● auf 100% vergrößern. Anschließend führen Sie den Mauszeiger im geöffneten Filtermenü über ● und klicken dann auf ●.

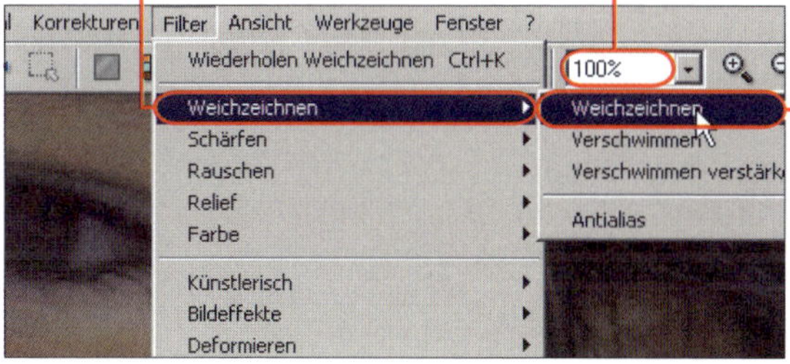

**2** Wie Sie im direkten Vergleich des bearbeiteten Bildes mit dem zuvor gespeicherten Original sehen, ist das bearbeitete Bild

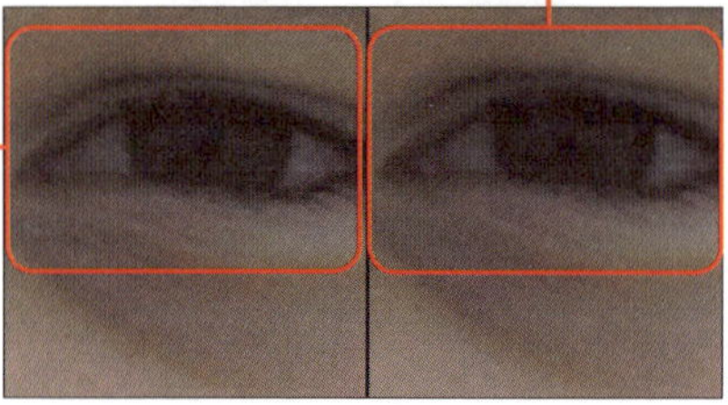

nur sehr vorsichtig weicher gezeichnet worden. Bei Bedarf können Sie diesen Filter also ruhig noch ein zweites oder gar drittes Mal anwenden.

**3** Alternativ können Sie - insbesondere bei echten Härtefällen - im Filtermenü unter

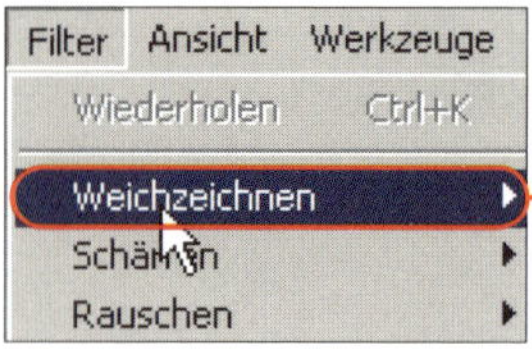


statt des einfachen Weichzeichners die Filterfunktion

mit einem Mausklick auswählen. Das bringt in der Regel besser sichtbare Ergebnisse.

**4** Sollte Ihnen diese Wirkung immer noch nicht reichen, können Sie schließlich auch die härteste Variante des Weichzeichners wählen:

Das empfiehlt sich allerdings wirklich nur in Notfällen, da das Bild damit schnell „vermatscht“: .

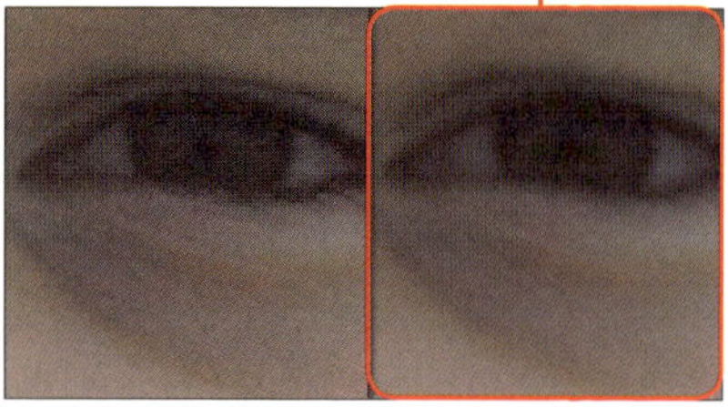

## Bildrauschen und Schmutz entfernen

Die zweite Funktion, die im geöffneten Filtermenü auftaucht, bezieht sich auf das Schärfen von Bildern. Dies war bereits Thema in Kapitel 2. Daher ist an dieser Stelle als Nächstes die Rubrik „Rauschen“ von Interesse. Beim Bildrauschen handelt es sich streng genommen um Fehlinformationen - gewissermaßen falsch gespeicherte Pixel -, die sich bei Digitalfotos immer mal wieder einstellen, wenn das Licht zu knapp war. Sie können diesen Effekt aber auch bewusst herstellen.

**1** Wenn Sie im geöffneten Filtermenü unter dem Punkt

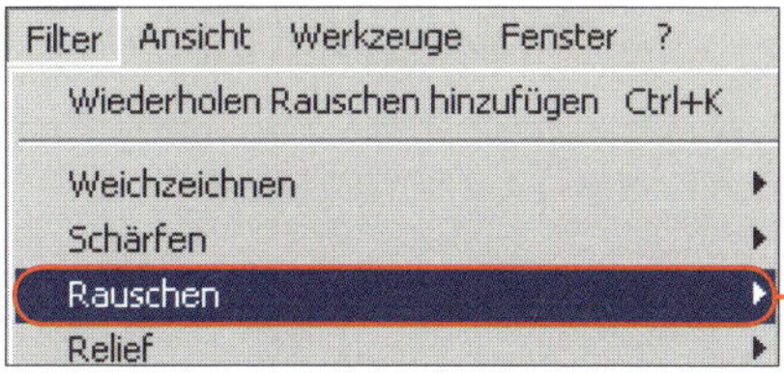


auf den Eintrag

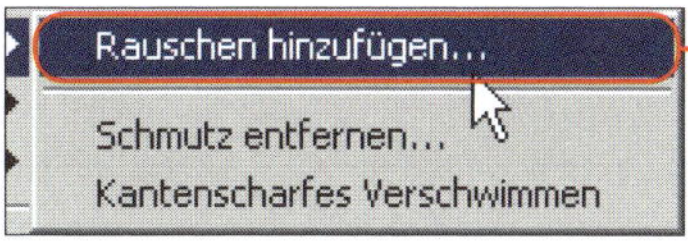


klicken, geschieht etwas, das die meisten Digitalfotografen nach Kräften zu vermeiden suchen: Der Filter verstärkt das so genannte Bildrauschen.

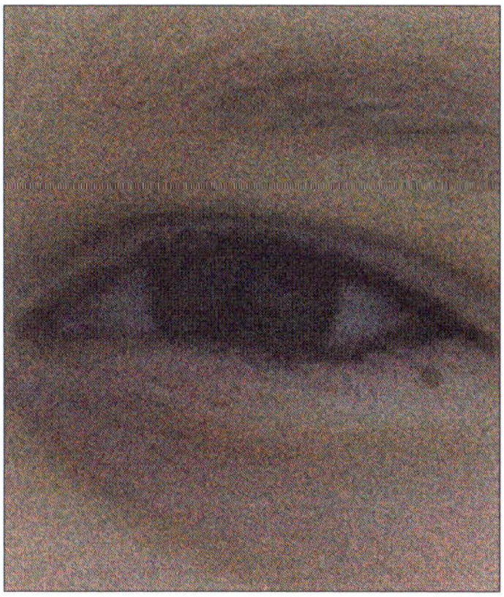

Wer also unbedingt Wert darauf legt, Bilder zu „verrauschen", findet hier einen Komplizen.

**2** Um einiges sinnvoller ist da schon die Filterfunktion,

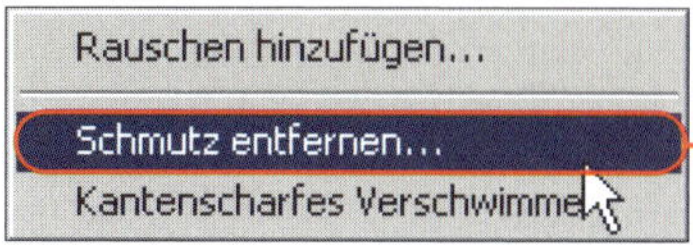


die Sie ebenfalls im Filtermenü unter dem Punkt „Rauschen" finden. Sie ist in erster Linie für das digitale Nachbearbeiten gescannter Fotos (siehe Kapitel 10) gedacht. Denn beispielsweise durch Verunreinigung der Glasscheibe des **Scanners** kann ein eingelesenes Bild leicht Verschmutzungen aufweisen.

**3** Recht praktisch ist im geöffneten Filtermenü unter dem Punkt „Rauschen" auch der Filter.

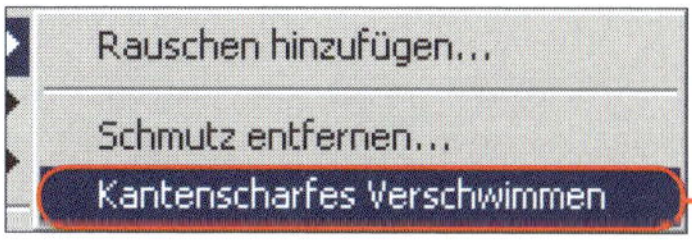


Dieser glättet die flächigen Bildbestandteile, lässt dabei aber die Konturen unbearbeitet. Unbeantwortet bleibt allerdings die Frage, was dieser Filter denn mit „Rauschen" zu tun haben soll.

# Bilder plastisch erscheinen lassen

Attraktive Bildeffekte lassen sich auch erreichen, wenn Sie die Hell-Dunkel-Unterschiede innerhalb eines Bildes verstärken. Dann kann ein Motiv wie ein Relief auf einem Stein wirken. Sie finden den so genannten Relief-Filter im geöffneten Filtermenü, wenn Sie den Mauszeiger über

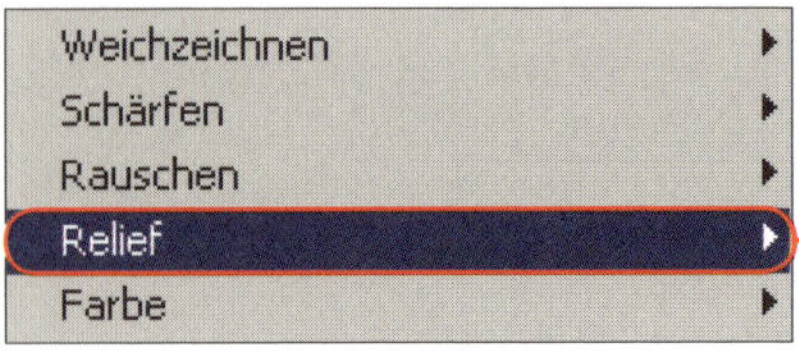


führen und dann auf eine der drei Versionen – „weich“, „normal“ und „verstärkt“

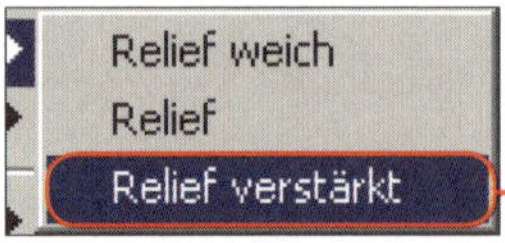


– klicken. Die verstärkte Variante zeigt den Unterschied zum Original

besonders deutlich.

# Farbigkeit eines Bildes verändern

Dass die Farben eines Bildes seine Wirkung erheblich beeinflussen, versteht sich von selbst. Klar, dass auch PhotoFiltre zu diesem Thema besonders viele Variationsmöglichkeiten bietet.

**1** Im geöffneten Filtermenü finden Sie unter dem Punkt

zuoberst den Filter,

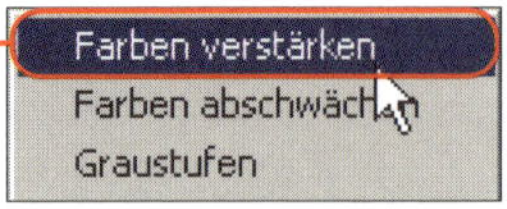


der einen Teint verpasst, der statt zweiwöchiger Nordseebräune eher auf zwei Monate Südsee schließen lässt.

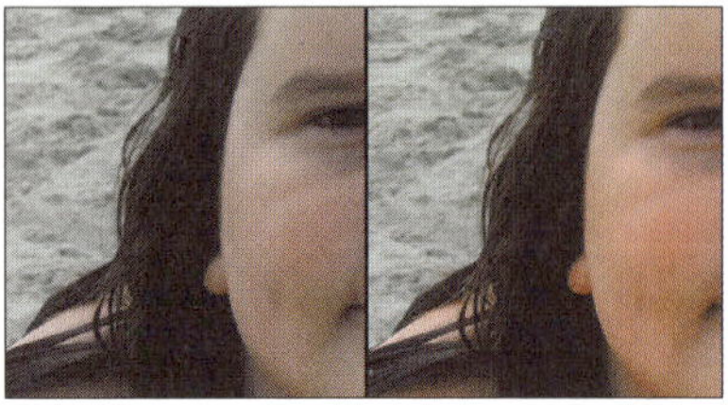

**2** Den gegenteiligen Effekt erzielen Sie im gleichen Untermenü mit dem Filter

.

Den Graustufen-Filter, den Sie mit einem Klick auf

aufrufen, kennen Sie bereits aus Kapitel 4, wo er für die Schwarz-Weiß-Aufnahme eingesetzt wurde.

**3** Wer die verblichene Grandezza alter Fotos mag, kann seinen Bildern im Filtermenü unter per Klick auf den Filter den nostalgischen Sepia-Charme der 20er-Jahre verleihen.

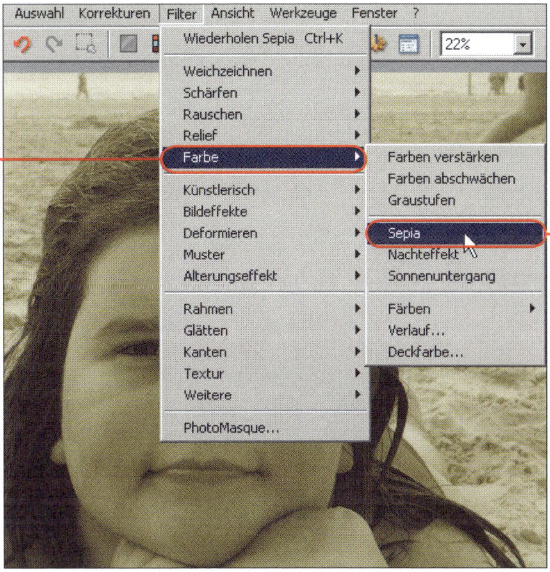


**4** Sie können aber auch künstlich den Eindruck einer bestimmten Tageszeit erwecken. Wenn Sie im Filtermenü unter „Farbe" beispielsweise den Filter

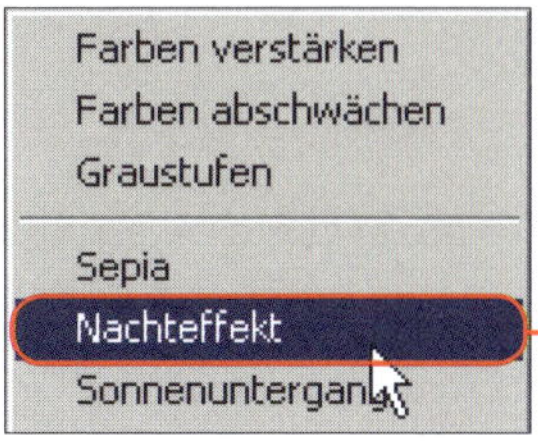


aktivieren, könnte man vermuten, dass die Aufnahme nachts entstanden ist.

Entsprechend sorgt der Filter

dafür, dass die ganze Szenerie in das blutrote Licht eines dramatischen Sonnenuntergangs getaucht wird.

**5** Kaum anders funktionieren die Filterfunktionen, die im Untermenü

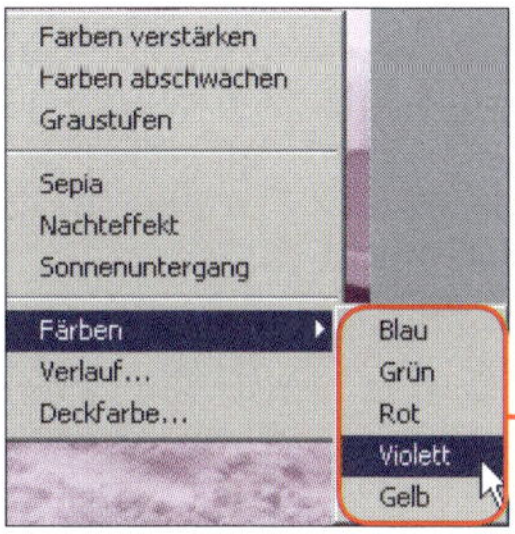


zusammengefasst sind: Sie

verleihen dem Foto wahlweise eine Färbung in den Farben Blau, Grün, Rot, Violett oder Gelb.

**6** Ähnliche Effekte lassen sich mit dem Filter

erzielen - nur mit dem Unterschied, dass Ihnen hier eine wesentlich größere Farbauswahl zur Verfügung steht. Im eigenen Dialogfenster können Sie die Farbe im Feld ● auswählen und den Grad der Deckung mit einem Schieberegler ●

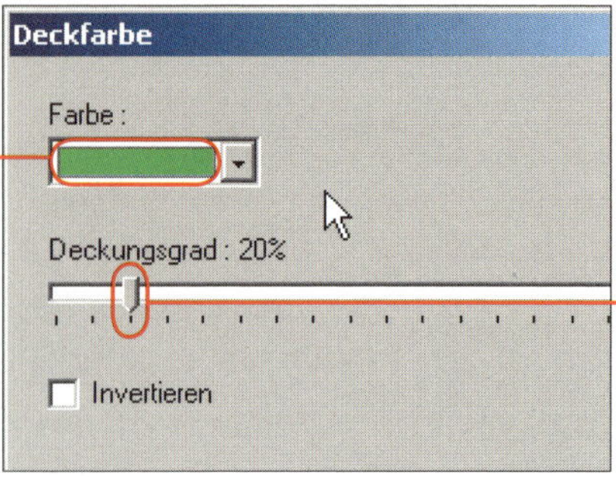


selbst bestimmen. Außerdem entscheiden Sie, ob die Deckfarbe wie gewählt oder genau umgekehrt - also „invertiert" - erscheinen soll. Setzen Sie hierfür per Mausklick ein Häkchen in das Kästchen ●.

**7** Noch detaillierter lässt sich der Farbfilter einstellen, wenn Sie im Untermenü von „Farbe" auf den Eintrag

klicken. Im nachfolgenden Dialogfenster können Sie über die Stil-Optionen vorgeben, ob Sie mit einer oder zwei Deckfarben arbeiten: ●. Die Farben wählen Sie in den Feldern ●

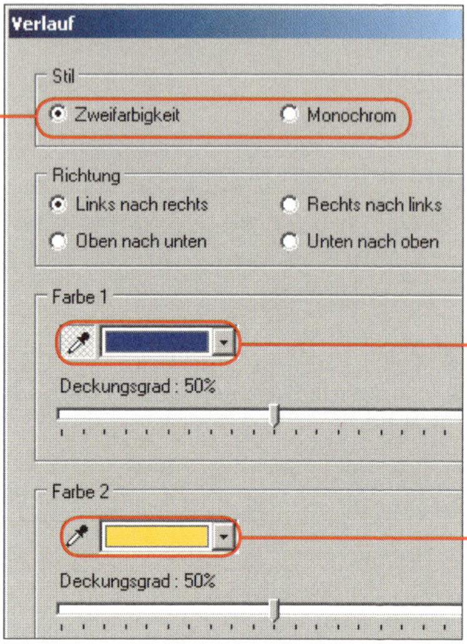


aus, den Deckungsgrad legen Sie durch Ziehen der Schieberegler darunter fest. In welcher Richtung der Farbverlauf das Bild überlagern soll, können Sie ebenfalls bestimmen. Zweifellos ein interessanter Effekt, auch wenn die Grenze der Bildoptimierung hier eindeutig überschritten wird.

# Vom Foto zum Gemälde

In der zweiten Abteilung der Filterfunktionen von PhotoFiltre sind vorrangig Filter zur eher künstlerischen Bildgestaltung versammelt.

**1** Wenn Sie den Mauszeiger im geöffneten Filtermenü über den Eintrag führen, finden Sie insgesamt 15 Filter, die versprechen, Ihre Bilder „künstlerisch" aufzupolieren.

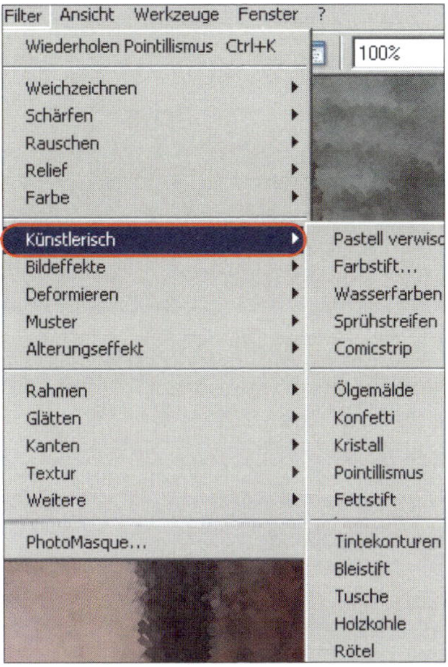


Thematisch im Vordergrund stehen dabei die unterschiedlichsten Maltechniken, die der jeweilige Filter auf das Bild anwendet. Welchen Filter Sie wählen, ist reine Geschmackssache.

**2** Einen netten Effekt erzielt ein Klick auf den Eintrag

Pointillismus,

auch wenn das Ergebnis nur recht vage an die Arbeiten von Georges Seurat und Camille Pissarro erinnert.

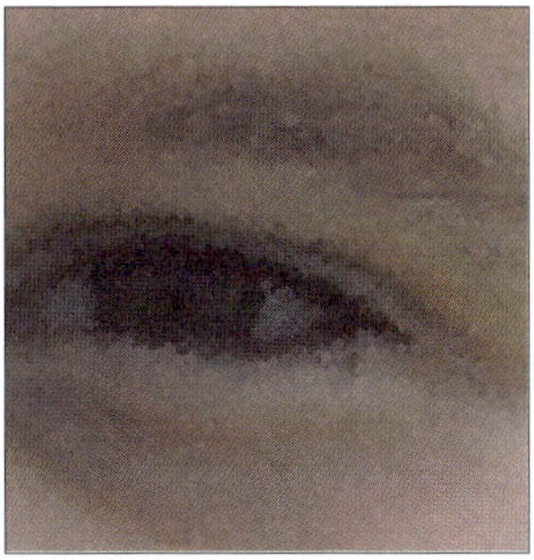

**3** Auch der Filter konnte überzeugen,

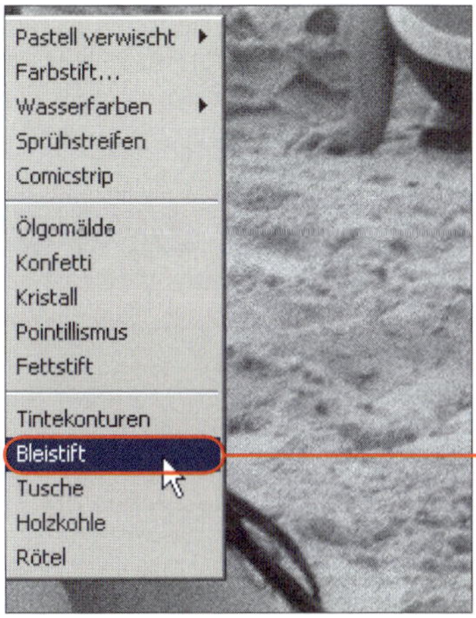

während der letzte Filter in der Liste

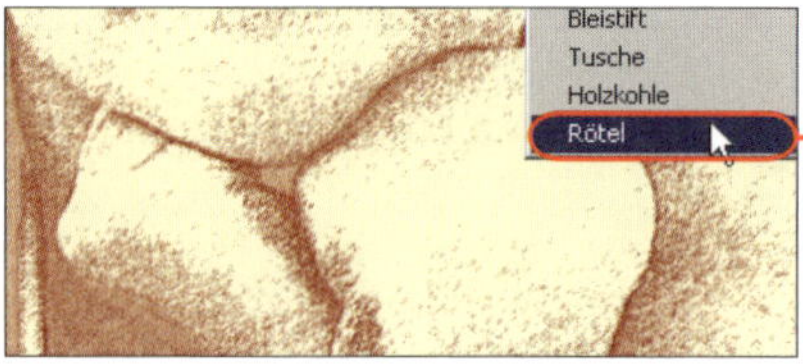


eher enttäuschte.

> **Welcher Effekt für welches Bild?**
>
> Welcher dieser Effekte sich jeweils am besten eignet, hängt neben Ihren persönlichen Vorlieben auch vom Bildmotiv ab: Hier dürfte die Faustregel gelten, dass sich gerade die Bilder am besten zur „künstlerischen" Nachbearbeitung eignen, die recht einfach strukturiert sind und auf allzu viele Details verzichten. Letzten Endes kommt es immer auf einen Versuch an.

**4** Auch die Filter für Bildeffekte, die im geöffneten Filtermenü unter dem gleichnamigen Stichwort zusammengefasst sind, können Ihr Foto erheblich verändern. Wer beispielsweise zu den Bewunderern des englischen Fotografen David Hamilton zählt, sollte unbedingt mal den Filter

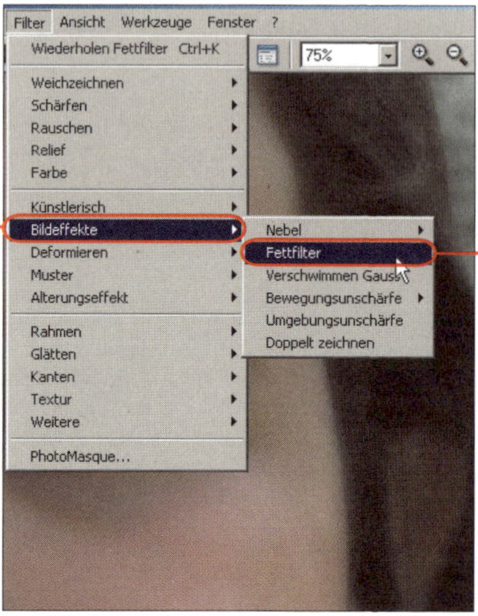


ausprobieren – der kommt den Fotografien, für die Hamilton mit Vaseline beschmierte Vorsatzlinsen benutzte, schon sehr nahe.

## Bilder stark verfremden

**1** Recht amüsant ist auch das, was bei Anwendung der Filterfunktion

herauskommt. Hier kann man sein Foto nach allen Regeln der Kunst verzerren. Etwa zur Linse:

...oder als Spiegelung in einem See:

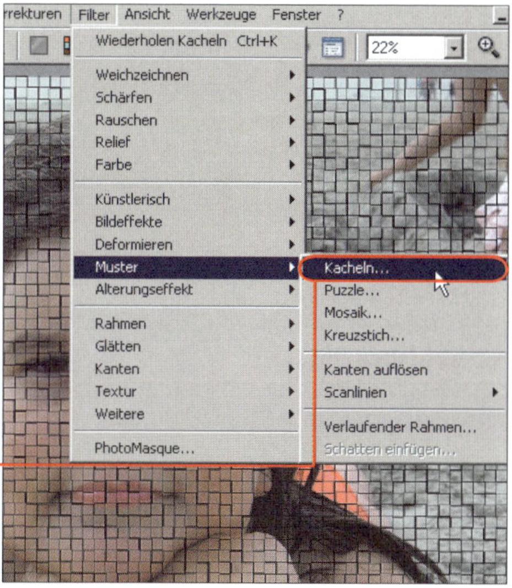


**2** Die Filter, die im Filtermenü unter dem Eintrag ● zusammengefasst sind, überziehen Ihr Foto wahlweise mit verschiedenen Mustern.

## Bilder mit Rahmen versehen

Gerade bei Fotos, die ausgedruckt werden sollen, kann ein Rahmen die Wirkung eines Bildes deutlich steigern. PhotoFiltre stellt Ihnen dafür zwei verschiedene Filter zur Verfügung.

**1** Den einen finden Sie, wenn Sie den Mauszeiger im geöffneten Filtermenü über den Eintrag ● führen und dann auf ● klicken.

Dann können Sie Farbe, Deckungsgrad der Farbe und Dicke des Rahmens frei wählen.

**2** Der zweite Filter, mit dem sich Rahmen erstellen lassen, befindet sich schon im dritten Abschnitt der Filterfunktionen unter dem gleichnamigen Stichwort ●.

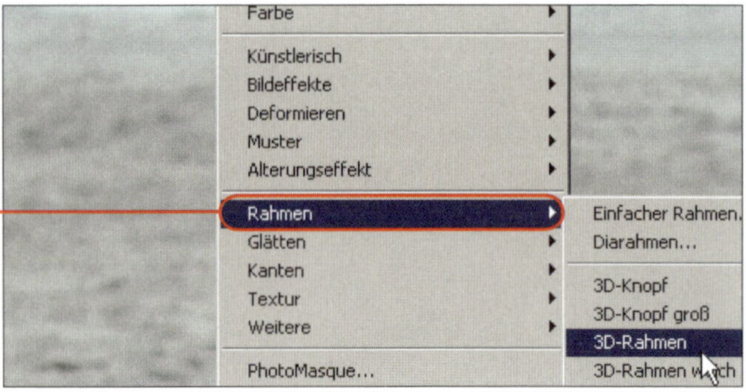


Wenn Sie den Mauszeiger darüber führen, öffnet sich eine Auswahl digitaler Bilderrahmen. Diese lassen sich gut einsetzen, wenn man verschiedene Bilder zusammenstellt, etwa um sie in einer Vereinszeitung abzudrucken.

## Noch mehr Effekte

**1** Dagegen fallen die Filter, die Sie im geöffneten Filtermenü in der Rubrik „Glätten" ● finden, eindeutig in die Kategorie „kreative Bildgestaltung": Mit diesen lassen sich teilweise recht interessante Relief-Effekte erzielen.

**2** Auch wenn Sie die Filter anwenden, die in der Rubrik „Kanten" ● zusammengefasst sind, kann die Wirkung für Verblüffung sorgen – muss aber nicht jedermanns Geschmack sein.

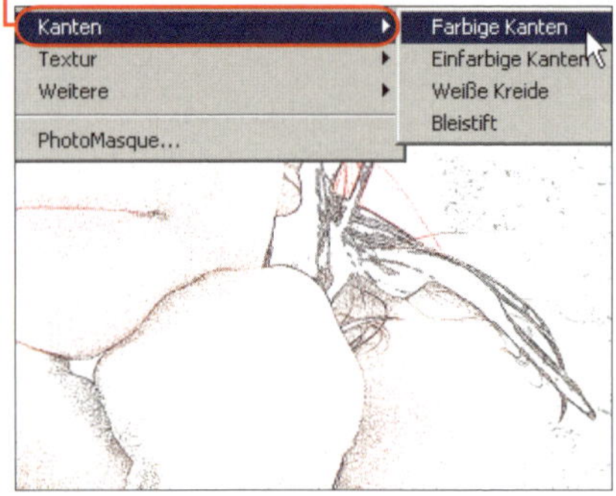


**3** Kaum weniger amüsant sind die Textur-Effekte, die sich hinter der Überschrift ● verbergen. Sie bearbeiten das Bild derart, dass es aussieht, als wäre es beispielsweise auf alte Leinwand ● oder auf raues Papier gedruckt.

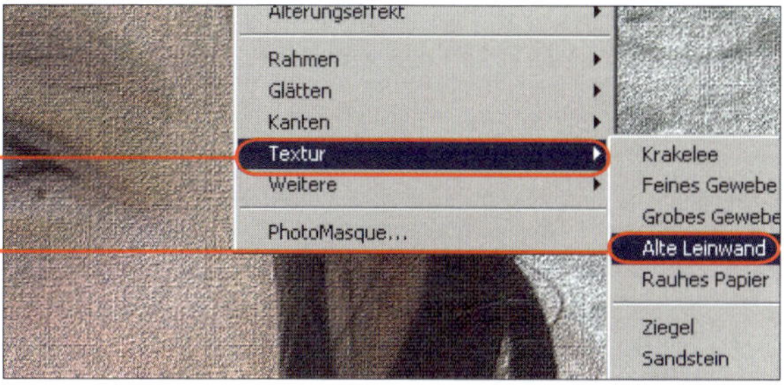


**4** Wie Sie gesehen haben, stehen Ihnen mit den Filterfunktionen von PhotoFiltre nahezu beliebig viele Möglichkeiten zur Bildgestaltung offen. Selbstverständlich lassen sich die Filter nicht nur einzeln, sondern auch in Kombination einsetzen: ●.

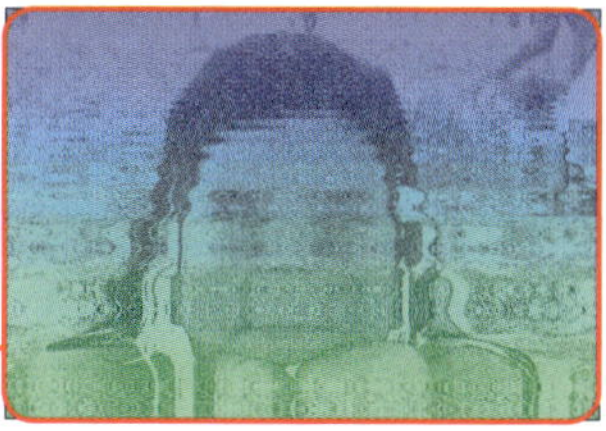

## Effekt auf Bildbereich beschränken

Natürlich müssen Sie einen Filter nicht zwangsläufig auf ein ganzes Bild anwenden. Auch ein Ausschnitt lässt sich problemlos verfremden.

**1** Klicken Sie dazu als Erstes im Programmfenster in der Werkzeugpalette rechts auf das Symbol ●,

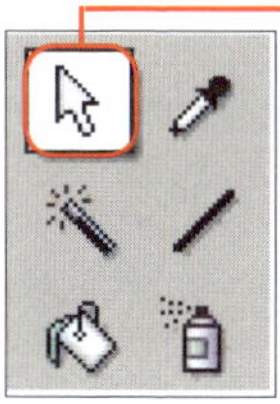

und markieren Sie den gewünschten Bildbereich, im Beispiel ●.

Auf Seite 54 können Sie bei Bedarf nachlesen, wie das geht.

**2** Nachdem der Ausschnitt markiert ist, öffnen Sie das Filtermenü wie gewohnt, führen den Mauszeiger beispielsweise über ● und klicken dann im Untermenü etwa auf ●.

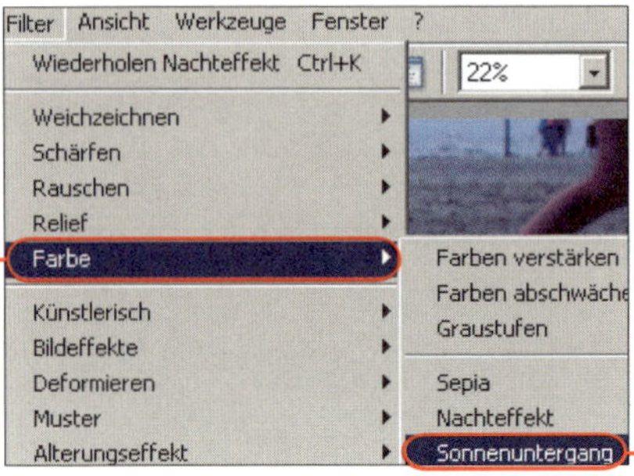


Daraufhin beschränkt sich die Wirkung des gewählten Filters auf den markierten Bildausschnitt.

# 7 Zubehör für die Bildbearbeitung

Schon für sich allein genommen ist die Funktionsvielfalt von PhotoFiltre beeindruckend. Umso erstaunlicher, dass das Programm noch mehr zu bieten hat. Denn der Programmierer Antonio Da Cruz hat andere **Software**-Entwickler eingeladen, zusätzliche Funktionen für sein Programm zu entwickeln, und stellt diese den Anwendern von PhotoFiltre kostenlos auf seiner **Internetseite** zur Verfügung. Derzeit gibt es rund drei Dutzend dieser so genannten „Plug-ins" (engl. „to plug in" = einstöpseln), und in Zukunft dürften noch viele weitere Zusatzfunktionen hinzukommen.

Beispielhaft wird Ihnen im Folgenden gezeigt, was solche Plug-ins leisten können. So lassen sich mit einem Plug-in rote Augen aus Blitzaufnahmen entfernen. Bilder, die braunstichig sind, können mit einem nachträglichen Weißabgleich wieder in den korrekten Farben erstrahlen. Noch mehr lässt sich retten, wenn Sie per Hand die Helligkeitsverteilung des Bildes ändern. Ein Histogramm-Plug-in macht es möglich. Aber auch mit raffinierten Effekten, zum Beispiel einer aufgerollten Ecke, lassen sich aus eher „normalen" Bildern unverwechselbare Fotos machen.

Im siebten Kapitel dieses Buches erfahren Sie,
- wie Sie die Plug-ins aus dem Internet laden,
- wie Sie diese in PhotoFiltre einbinden
- und was die Zusatzprogramme leisten.

**Kapitel-Wegweiser**

# Zusatzprogramme für PhotoFiltre laden

Um mit den Zusatzprogrammen beziehungsweise Plug-ins für PhotoFiltre arbeiten zu können, müssen Sie das gewünschte Zusatzprogramm zunächst von der PhotoFiltre-Internetseite beziehen. Genau wie das Programm PhotoFiltre sind die Zusatzprogramme kostenlos. Und so geht`s:

**1** Starten Sie zunächst Ihr Internetanzeigeprogramm, geben Sie dort in die Adresszeile die bereits bekannte Adresse **www.photofiltre.com** ein, und klicken Sie zur Bestätigung auf die [↵]-Taste.

**2** Da die Seite leider nicht in Deutsch zur Verfügung steht, müssen Sie sich nun zwischen der englischen und der französischen Version entscheiden. Im Beispielfall klicken Sie auf ●,

damit die englische Version dieser Seite geladen wird.

### ! Vorsicht beim Herunterladen von Dateien

Wenn es um das **Herunterladen** von ausführbaren **Programmdateien** aus dem Internet geht, ist Vorsicht geboten: Schließlich sieht man einer Programmdatei nicht an, welche Funktionen sie tatsächlich birgt – und nicht umsonst warnt das **Betriebssystem** Windows bei jeder sich bietenden Gelegenheit, doch bitte unbedingt zu überprüfen, ob eine Datei wirklich aus vertrauenswürdiger Quelle stammt.
Die Plug-ins, die sich auf der Seite **www.photofiltre.com** befinden, sind – ehe sie dort anderen zur Verfügung gestellt wurden – vom Programmierer selbst überprüft worden. Damit sollte sichergestellt sein, dass diese Zusatzprogramme auf dem Rechner kein Unheil anrichten.

**3** Um Zugriff auf die Zusatzprogramme zu erhalten, klicken Sie nun in der **Navigationsleiste** am linken Bildrand auf den Eintrag ●.

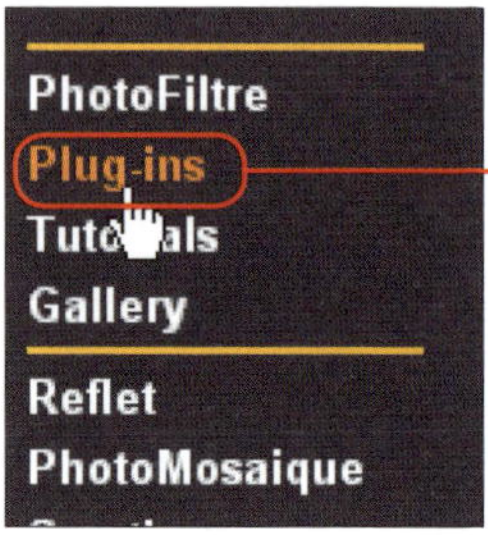

Daraufhin öffnet sich ein ansehnlicher Katalog von Zusatzprogrammen für PhotoFiltre. Standardmäßig werden diese Programme nach den Namen ihrer Programmierer sortiert: ●.

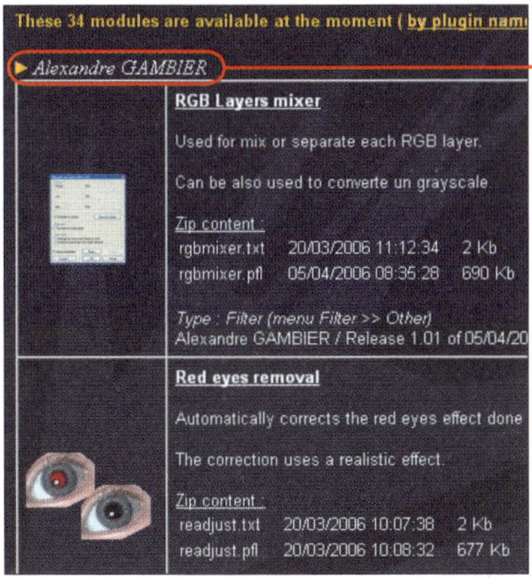


**4** Ganz nach Wunsch können Sie die Liste aber auch nach einem anderen Kriterium sortieren lassen. Zum Beispiel nach den Programmnamen der Plug-ins ●. Und wenn Sie stattdessen eher auf Neuheiten aus sind, lässt sich die Liste mit einem Mausklick auf den Eintrag ●

auch nach Erscheinungsdatum sortieren.

**5** Falls Sie es bei der ursprünglichen Anordnung der Plug-ins belassen, finden Sie in der Liste als zweites Programm eine Funktion, die Sie bisher nur als „Handarbeit" kennen: „Red eyes removal" (= Rote-Augen-Entfernung), ein Werkzeug zum Beseitigen roter Augen. Um das Zusatzprogramm zu übertragen, klicken Sie einfach auf den Programmnamen ●.

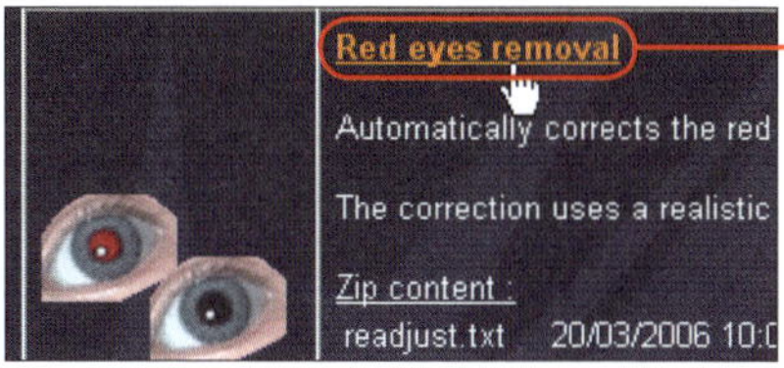


**6** Als Nächstes muss das Programm gespeichert werden. Klicken Sie dazu im folgenden Dialogfenster wie gewohnt auf ●,

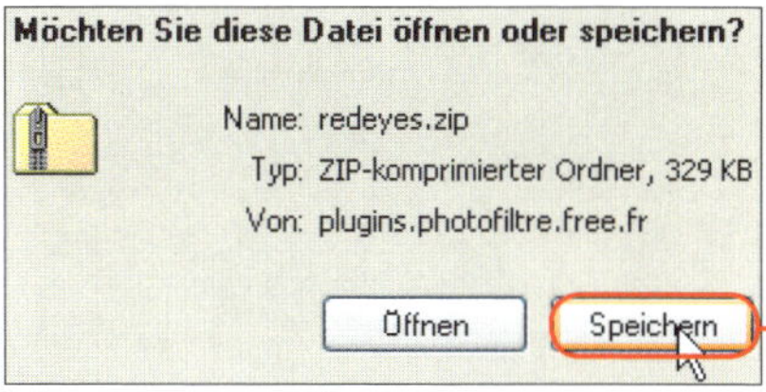


wählen Sie im Fenster, das daraufhin erscheint, als Speicherort einfach den Windows-**Desktop** ●,

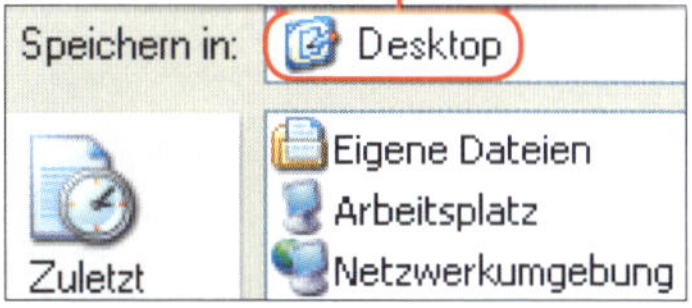


und klicken Sie anschließend auf

.

**7** Nach Abschluss der Übertragung fehlt nur noch ein Mausklick auf ●.

Danach taucht auf der Arbeitsoberfläche von Windows das dazugehörige **Symbol** auf: ●.

## Weitere Zusatzprogramme herunterladen

Ehe Sie sich mit den heruntergeladenen Dateien befassen, können Sie auf die gleiche Weise rasch noch ein paar weitere Zusatzprogramme von der PhotoFiltre-Seite laden. In der Liste der Plug-ins (siehe Schritt 3 auf Seite 95) könnten beispielsweise noch folgende Zusatzprogramme interessant sein:

Ein Plug-in von Alexandre Gambier zum nachträglichen Weißabgleich ●.

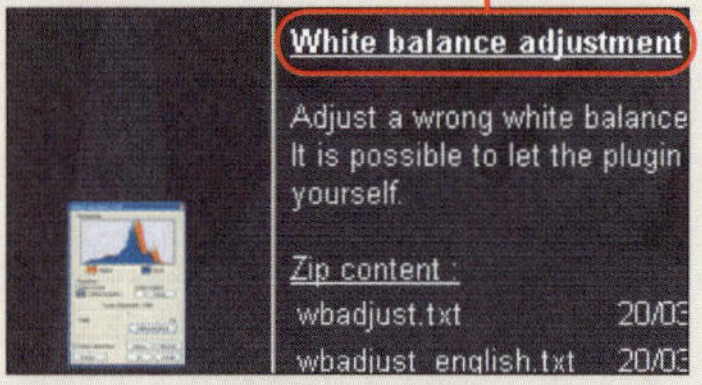


Ein Plug-in von Antonio Da Cruz zum Spiegel-Effekt ●.

Zwei Plug-ins von Benjamin Fournier, zum einen zum „Bilder aufrollen" ●,

und zum anderen für Histogramme ●.

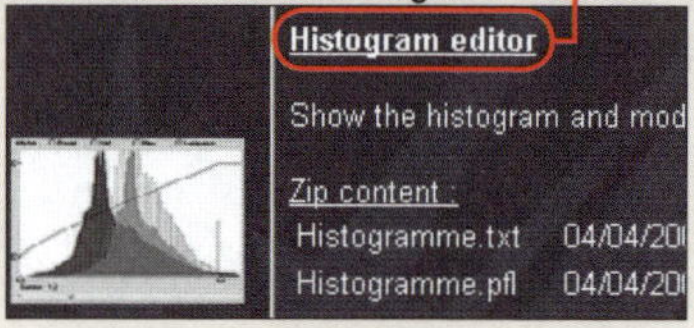


Nachdem Sie diese Programme wie beschrieben übertragen haben, erscheint auf Ihrem Desktop eine interessante Sammlung von Zusatzprogrammen für PhotoFiltre.

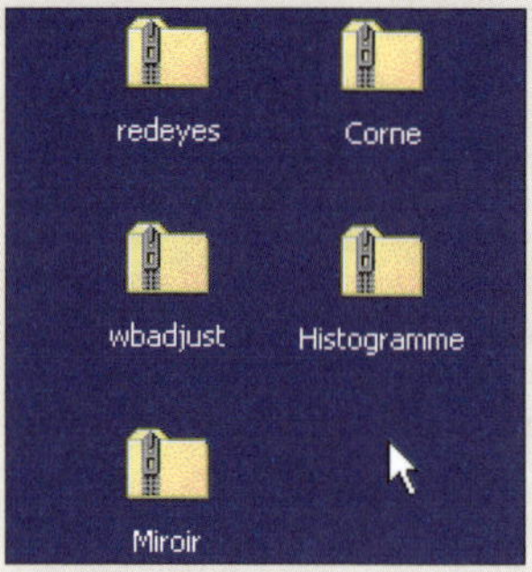

# Die Zusatzprogramme entpacken

Nach der erfolgreichen Übertragung der Zusatzprogramme können Sie die Plug-ins in PhotoFiltre einbinden.

**1** Schließen Sie zunächst Ihr Internetanzeigeprogramm und - sofern das Programm noch aktiv ist - auch PhotoFiltre mit einem Mausklick auf das Schließkreuz ●.

**2** Danach klicken Sie auf Ihrem Windows-Desktop doppelt, also zweimal kurz hintereinander, auf das Symbol ●.

Im geöffneten Arbeitsplatz-Fenster wechseln Sie - ebenfalls per Doppelklick - im Ordner „Programme“ in den Unterordner „PhotoFiltre“. Hier gibt es bereits ein Symbol für den Unterordner „Plug-ins“ ●.

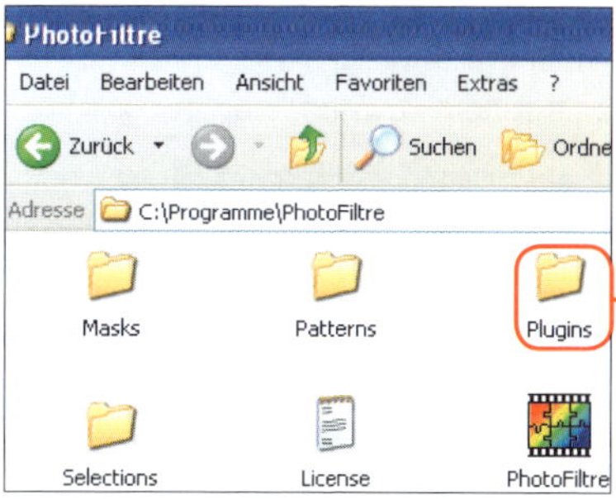


**3** Wenn Sie den Plug-ins-Ordner per Doppelklick geöffnet haben, werden Sie sehen, dass bislang nur eine kleine **Textdatei** darin enthalten ist, die aber keine wichtigen Informationen enthält.

**4** Nun geht als darum, die heruntergeladenen Dateien in den Unterordner „Plug-ins“ zu kopieren: Markieren Sie dazu als Erstes die entsprechenden Symbole auf dem Desktop, indem Sie eine der Dateien anklicken und dann mit weiterhin gedrückter Maustaste einen Rahmen um alle Dateien ziehen.

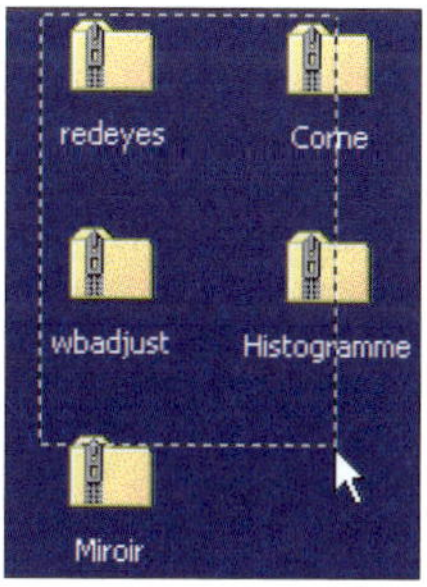


Anschließend klicken Sie die markierten Dateien mit der rechten (!) Maustaste an und wählen im **Kontextmenü** mit einem Mausklick den Eintrag ●.

**5** Damit die Zusatzprogramme jetzt in den gewünschten Ordner eingefügt werden, klicken Sie mit der rechten (!) Maustaste in den geöffneten Plug-ins-Ordner und wählen im dann aufklappenden Kontextmenü den Befehl ●.

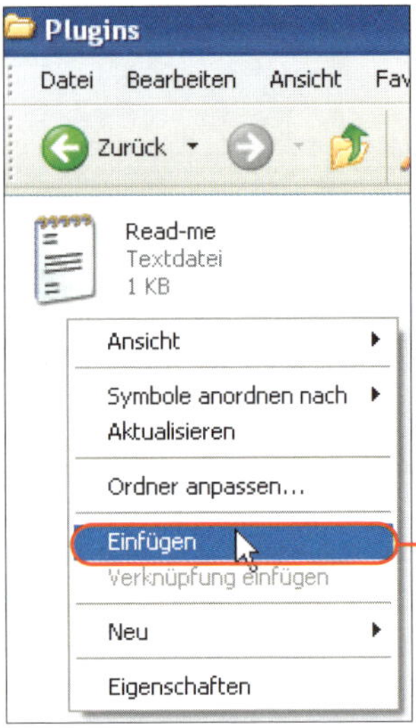


**6** Bei den kopierten Dateien handelt es sich um so genannte **Archive**, in denen mehrere Dateien zusammengepackt werden können. Um solch eine Archivdatei zu entpacken, klicken Sie nun mit der rechten (!) Maustaste auf eines der Dateisymbole, etwa ●, und wählen danach im geöffneten Kontextmenü die Option ●.

**7** Daraufhin startet der „Extrahier-Assistent", den Sie bereits im ersten Kapitel kennengelernt haben. Wenn Sie den Anweisungen auf dem Bildschirm folgen, werden die komprimierten Dateien entpackt. Gleichzeitig legt der Assistent im **Unterverzeichnis** „Plug-ins" einen neuen Ordner ●

an, der auch direkt geöffnet wird.

**8** Markieren Sie nun mit der Tastenkombination [Strg] und [A] die Dateien, die sich in dem neu angelegten Ordner befinden, und ziehen Sie sie einfach mit gedrückter linker Maustaste in das Fenster mit dem Ordner „Plug-ins" ●.

**9** Anschließend können Sie den neuen Ordner, der jetzt leer ist, sowie die Archivdatei, die Sie soeben entpackt haben, löschen. Markieren Sie die Datei und das Verzeichnis, indem Sie sie anklicken, während Sie die Strg-Taste gedrückt halten. Anschließend klicken Sie die markierten Symbole mit der rechten (!) Maustaste an und wählen im Kontextmenü den Befehl ●.

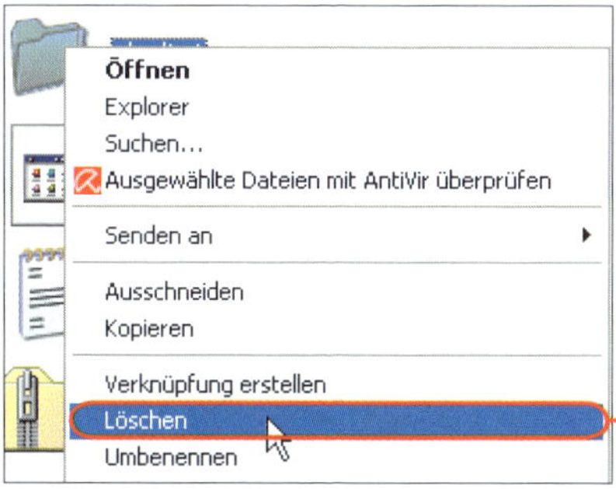


Die abschließende Sicherheitsabfrage bestätigen Sie per Klick auf

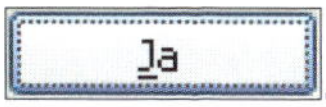

.

**10** Wiederholen Sie die Schritte 6 bis 8 auch mit den anderen Archivdateien, bis alle heruntergeladenen Dateien entpackt und die jeweils darin befindlichen Dateien im Ordner „Plug-ins" gespeichert sind.

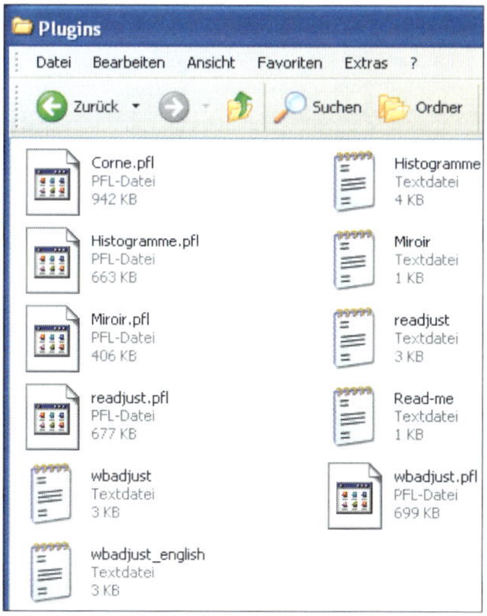


## Zusatzfunktionen in PhotoFiltre einbinden

Um die neuen Funktionen der Zusatzprogramme in PhotoFiltre verwenden zu können, müssen Sie sie ins Programm einbinden.

**1** Zunächst sollten Sie überprüfen, ob PhotoFiltre so eingestellt ist, dass es beim Start die Plug-ins automatisch lädt. Dazu klicken Sie in der Menüzeile auf ● und im dann geöffneten Menü auf den Eintrag ●.

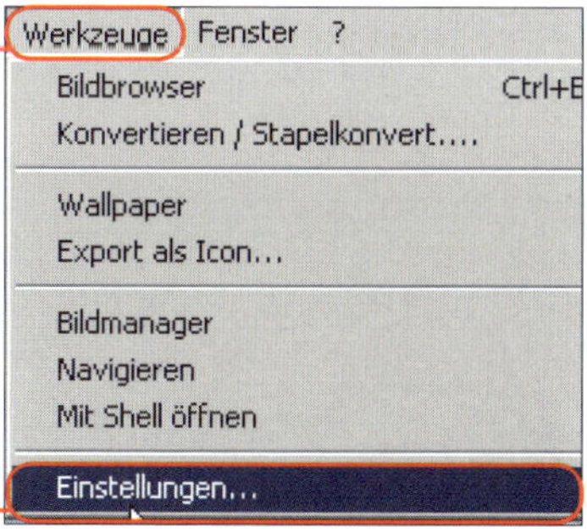

**2** Im Dialogfenster, das daraufhin angezeigt wird, öffnen Sie mit einem Mausklick auf ● das Einstellungsmenü „Beim Start“. Hier muss im Feld ●

ein Häkchen zu sehen sein. Sollte es fehlen,

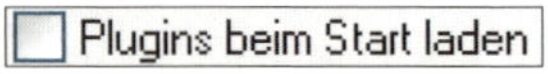


klicken Sie das Kästchen einfach an, damit der Haken darin erscheint: ●.

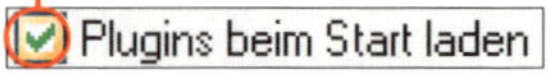


Anschließend bestätigen Sie die Einstellung per Klick auf

und beenden PhotoFiltre.

**3** Starten Sie PhotoFiltre neu, und klicken Sie in der Menüzeile auf ● und im aufklappenden Menü auf den Befehl ●.

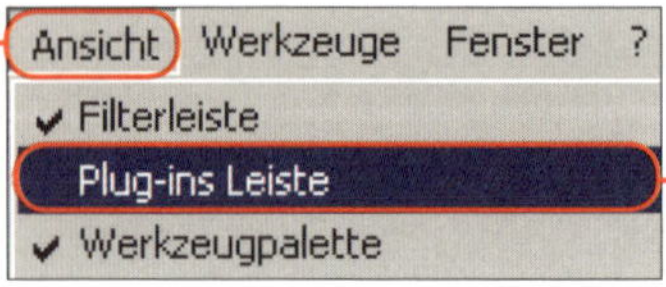


Nun erscheint auf der linken Seite des Programmfensters eine neue **Symbolleiste**, die die Symbole für die geladenen Zusatzprogramme enthält: ●.

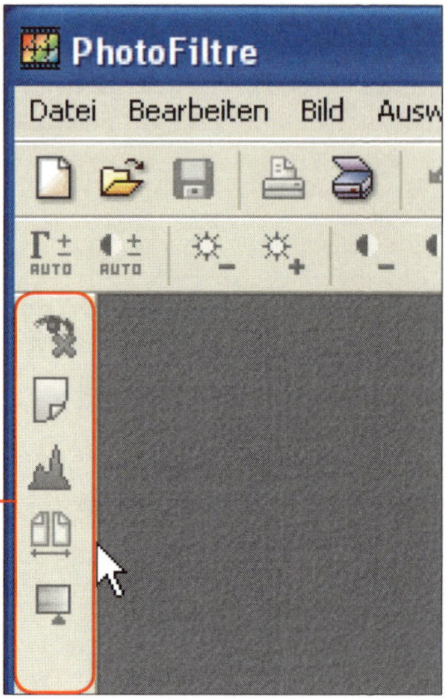


### So entfernen Sie Plug-ins

PhotoFiltre kontrolliert bei jedem Programmstart, welche Dateien im Verzeichnis „Plug-ins“ enthalten sind, und lädt alle diese Dateien beim Start. Sollten Sie nun feststellen, dass Sie das eine oder andere Zusatzprogramm doch nicht benötigen, reicht es also aus, den Plug-ins-Ordner, in den Sie die Zusatzprogramme hineinkopiert haben, wieder zu öffnen und die entsprechenden Dateien mit der Entf-Taste zu löschen.

# Rote Augen mit Zusatzprogramm entfernen

Mit dem Plug-in „Red eyes removal" können Sie auf Fotos rote Augen entfernen, die durch Blitzlichtaufnahmen entstanden sind. Das geht mit dem genannten Plug-in schneller als mit der manuellen Methode, die Sie im zweiten Kapitel kennengelernt haben.

**1** Aktivieren Sie in der Werkzeugleiste mit einem Mausklick das Auswahl-Werkzeug ●,

und klicken Sie danach auf das Symbol ●.

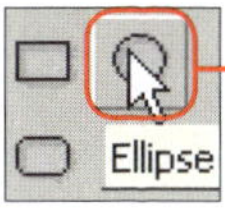


**2** Nachdem Sie die roten Augen markiert haben (siehe auch Seiten 33/34), folgt ein Klick auf das Plug-in-Symbol ●.

**3** Im nachfolgenden Fenster können Sie die Intensität der nötigen Korrektur bestimmen. Klicken Sie dazu auf den Schieberegler, halten Sie die Maustaste gedrückt, und ziehen Sie den Regler mit weiterhin gedrückter Maustaste minimal nach rechts. In aller Regel genügt eine nur leichte Korrektur.

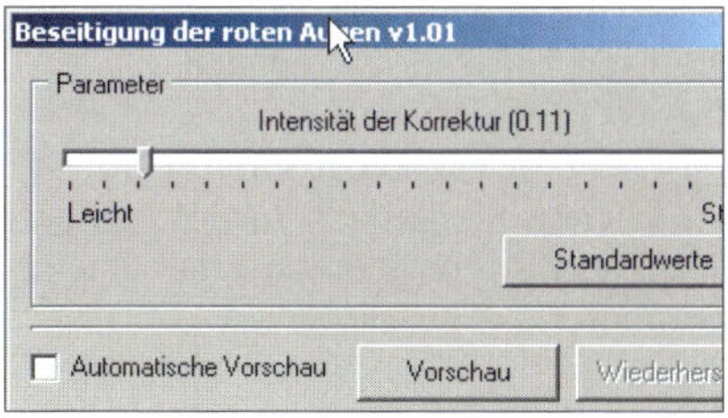


Sobald Sie die Einstellung mit einem Klick auf

bestätigt haben, erledigt das Programm den Rest.

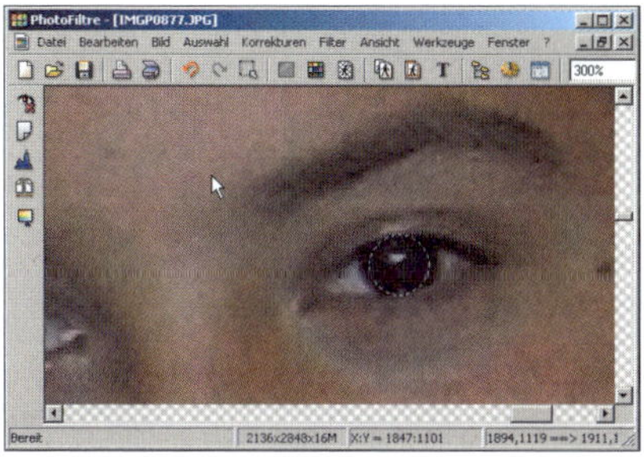


**4** Keine Scheu vor Fehlbedienungen: Auch Einstellungen, die Sie mit Plug-ins vorgenommen haben, lassen sich mit der Tastenkombination [Strg] und [Z] rückgängig machen.

# Bilder mit aufgerollter Ecke gestalten

Mitunter sollen Fotos zur Auflockerung von Texten einfach als attraktives optisches Element in Erscheinung treten. In diesem Fall ist eine Art Eselsohr eine interessante Stilvariante. Solch eine eingerollte Ecke lässt sich mit dem Plug-in „Curl“ (zu Deutsch: Locke) rasch gestalten.

**1** Laden Sie ein Foto in PhotoFiltre, und klicken Sie danach in der Symbolleiste am linken Rand auf das Plug-in-Symbol „Curl“ ●.

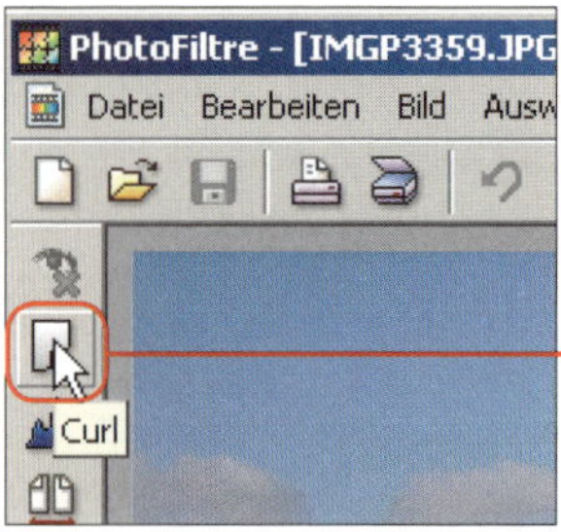


**2** Daraufhin zeigt Ihnen PhotoFiltre das Raster eines von rechts unten aufgerollten Bildes, das Sie mithilfe von Schiebereglern noch verändern können. So entscheiden Sie mit einem Mausklick auf einen der Eckpunkte, beispielsweise ●, welche Ecke sich aufrollen soll.

**3** Mit den drei Schiebereglern nehmen Sie die Feinjustierung vor. Über den Radius-Regler legen Sie fest, wie weit das Bild gerollt werden soll, während die Regler für die horizontale und vertikale Position definieren, an welcher Stelle am unteren und rechten Bildrand das Aufrollen beginnt.

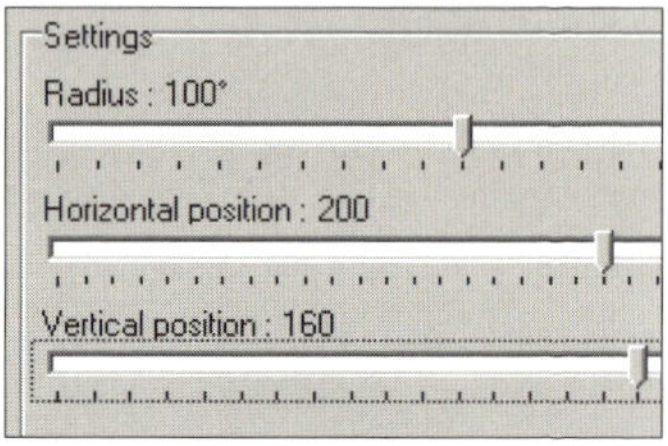


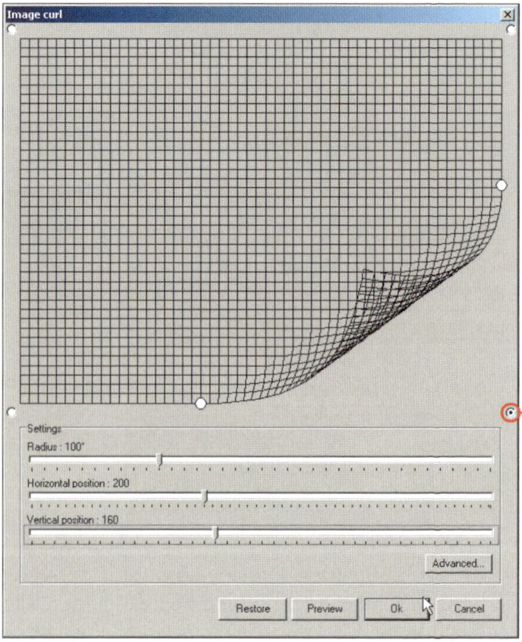

Anstelle der beiden letzten Regler können Sie auch mit gedrückter Maustaste die Punkte

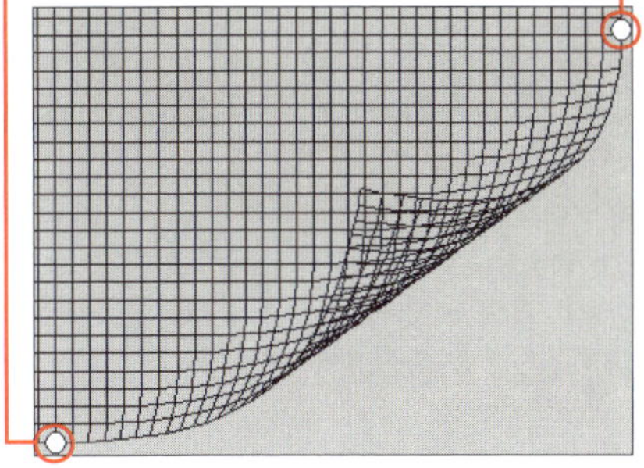

verschieben, die sich am Rand des Rasters befinden.

**4** Wenn Sie mit Ihrer Einstellung zufrieden sind, fehlt nur noch ein Klick auf

Und schon können Sie das Ergebnis begutachten.

## Fotos mit Spiegeleffekt erweitern

Ein schöner Effekt, der Bilder originell vergrößert, ist der Spiegeleffekt. Mit ihm können Sie ein Foto rasch auf die doppelte Breite oder Höhe bringen. Sein Einsatz ist sehr einfach:

**1** Nachdem Sie wieder ein Foto in PhotoFiltre geladen haben, klicken Sie in der Plug-ins-Leiste auf das Symbol

,

um das Zusatzprogramm „Mirror" (zu Deutsch: Spiegel) aufzurufen.

**2** Im Fenster, das daraufhin geöffnet wird, können Sie festlegen, ob Ihr Foto horizontal oder vertikal

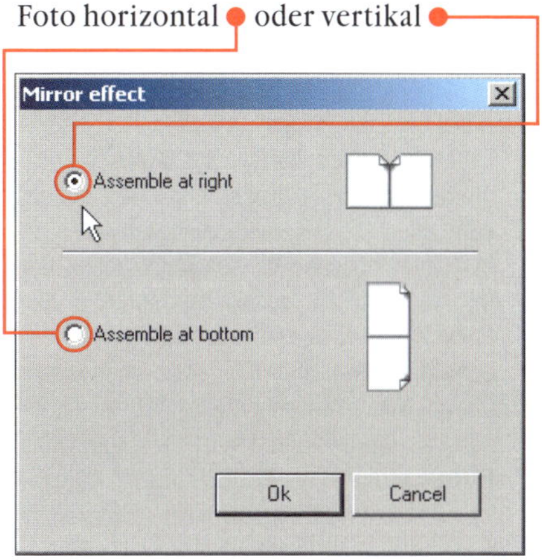


gespiegelt werden soll.

**3** Nach dem üblichen Bestätigungsklick auf die Schaltfläche

wird der Spiegeleffekt sofort auf das entsprechende Bild angewendet.

## Weißabgleich nachträglich korrigieren

Manchmal sind Fotos in der Farbgebung nicht korrekt. Alles versumpft rötlich-braun, statt in den richtigen Farben zu erstrahlen. Dies liegt oft daran, dass der automatische Weißabgleich beim Fotografieren nicht richtig funktioniert hat (siehe Kasten). Solche Fotos lassen sich in PhotoFiltre mit einem Zusatzprogramm namens „Weißabgleich“ retten.

Wenn ein Foto also auf den ersten Blick fehlbelichtet wirkt, ist meist nicht die Kamera defekt, sondern sie hat sich nur beim Weißabgleich geirrt.

Im Beispielfoto zeigt sich bei gründlicherem Hinsehen, dass am unteren

### Was ist eigentlich ewin Weißabgleich?

Einer der größten Vorteile der digitalen Fotografie gegenüber der herkömmlichen besteht darin, dass Digitalkameras von Anfang an einen automatischen Weißabgleich boten, der mit traditioneller Technik nur unter großen Mühen erreicht werden konnte. Sicherlich finden Sie in Ihren alten Fotoalben noch Bilder, die bei Kunstlicht oder Kerzenschein aufgenommen wurden und daher einen deutlichen Farbstich (meist ins Rötlich-Braune) aufweisen. Das kommt daher, dass das menschliche Auge zwar in der Lage ist, eine weiße Fläche bei fast jeder Beleuchtung als weiße Fläche zu identifizieren und sich entsprechend auf die Lichtverhältnisse einstellt. Ein Fotoapparat kann dies allerdings nicht: Statt Farben sieht er nur **Farbtemperaturen**, und die sind nun mal bei Kunstlicht anders als bei Sonnenlicht.

Beim automatischen Weißabgleich orientiert sich Ihre Digitalkamera selbstständig am hellsten Lichtpunkt, den sie im Motiv erkennen kann, definiert diesen als „Weiß“ und passt sämtliche Farben entsprechend an. Das funktioniert in der Regel hervorragend, aber eben nicht immer, wie Sie am Beispielbild sehen.

Bildrand offenbar zwei Lichtreflexe

auf einer Sessellehne als „Weiß" identifiziert wurden. Ergebnis: Das weiße T-Shirt erscheint in einem hellen Braunton.

**1** Um ein Bild mit falschem Weißabgleich nachträglich zu retten, laden Sie zunächst das zu bearbeitende Foto und starten dann das benötigte Zusatzprogramm mit einem Mausklick auf

in der linken Symbolleiste. Daraufhin erscheint ein Kontrollfenster, in dem Sie eine erste Übersicht über die Farbtemperaturen Ihres Fotos erhalten.

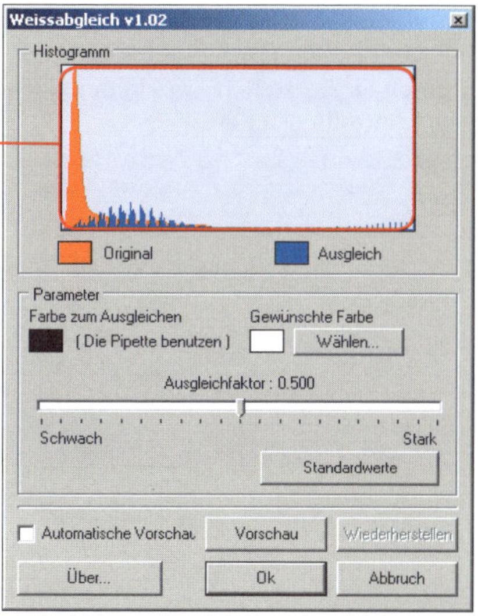


**2** Klicken Sie in die Titelleiste des Fensters, und ziehen Sie es mit weiterhin gedrückter Maustaste so weit aus dem Weg, bis Sie eine Stelle des Motivs, die eigentlich weiß sein müsste, gut sehen können. Sobald Sie nun mit dem **Mauszeiger** über das Motiv fahren, verwandelt er sich in ein Pipettensymbol. Stellen Sie die Pipette auf die in Wirklichkeit weiße Fläche, und klicken Sie einmal auf die linke Maustaste.

**3** Wenn Sie sich jetzt wieder das Fenster des Zusatzprogramms ansehen, werden Sie feststellen, dass in dem kleinen Kontrollfenster

die Farbe auftaucht, die der mutmaßlich weiße Motivteil auf dem Foto angenommen hat.

**4** Bestätigen Sie diese Einstellung einfach per Klick auf

.

Damit ist schon alles erledigt: Das weiße T-Shirt ist nicht länger braun, und das Bild steht Ihnen zur weiteren Bearbeitung zur Verfügung. So können Sie es beispielsweise noch mit der Helligkeitskorrektur und möglicherweise einer Gammakorrektur, wie in Kapitel 2 beschrieben, verbessern.

## Verbesserte Bildkorrektur mit der Histogramm-Bearbeitung

Falls Ihnen die normale Gammakorrektur (siehe Seiten 28/29) nicht ausreichen sollte, um das Optimum aus Ihrem Foto herauszuholen, hilft Ihnen ein weiteres Zusatzprogramm weiter: der „Histogram Editor".

**1** Sie erreichen das Zusatzprogramm, indem Sie in der Plug-ins-Leiste auf das Symbol

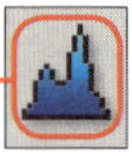

klicken. Im Fenster, das daraufhin erscheint, wird die Helligkeitsverteilung des geladenen Fotos dargestellt.

**2** Je höher dort die Balken am rechten Bildrand sind, desto stärker überwiegen die hellen Werte, je höher sie am linken Bildrand sind, umso stärker überwiegen die dunklen Werte. Mit den Pfeilsymbolen am linken und unteren Bildrand können Sie den Kontrastumfang, also die Unterschiede zwischen hellen und dunklen Elementen des Bildes festlegen, und mit dem Schieberegler im unteren Teil des Fensters

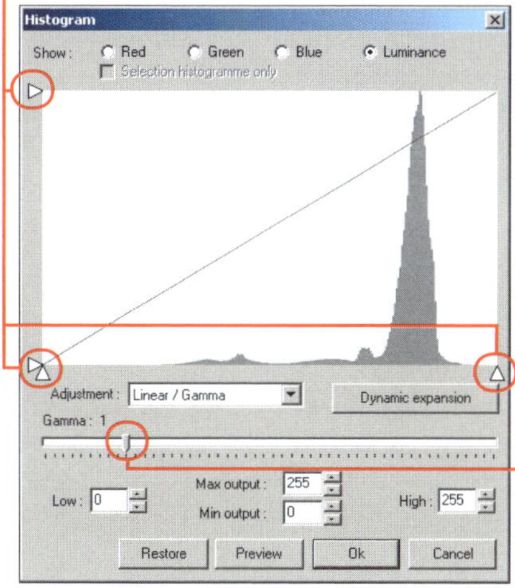


lässt sich definieren, welche Helligkeitsbereiche des Fotos besonders betont werden sollen.

**3** Für eine gleichmäßige Ausleuchtung sollten sich die Ausschläge über das ganze Histogramm verteilen. Tatsächlich entscheidet aber die Helligkeit des Motivs maßgeblich über die richtige Einstellung. Mit einem Klick auf

können Sie sich eine optimierte Lösung vorschlagen lassen, nachdem Sie die Gammakurve modifiziert haben.

**4** Auch die Helligkeitsverteilung von Rot, Grün und Blau können Sie separat analysieren und korrigieren. Klicken Sie dazu einfach auf die Optionsfelder für die einzelnen Farben.

**5** Um mit diesem Zusatzprogramm vorzeigbare Ergebnisse zu erzielen, ist zweifellos etwas Experimentierfreude gefragt.

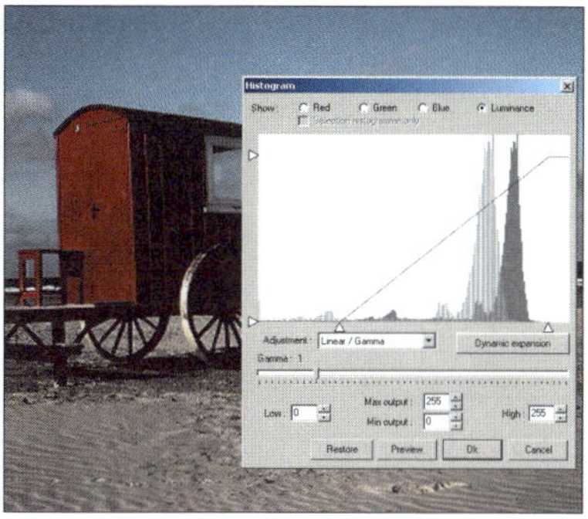

Ein Klick auf zeigt Ihnen vorab an, wie sich die Änderungen auswirken. Mit

übernehmen Sie Zwischenergebnisse ins Bild. Und wenn Ihnen das Endergebnis zusagt, bestätigen Sie alle Änderungen mit einem Mausklick auf die Schaltfläche

.

# 8 Kreative Bildgestaltung

Ambitionierte Hobbyfotografen geben sich mit einer Bildbearbeitung, bei der es schlicht um Verbesserung von Fotos geht, nicht zufrieden. Auch hier kommt ein Bildbearbeitungsprogramm wie PhotoFiltre zum Zuge: Damit lassen sich Digitalfotos so radikal umgestalten, dass sie mit dem, was tatsächlich fotografiert wurde, kaum noch etwas zu tun haben.

So können Sie mit wenig Aufwand beispielsweise Motivelemente innerhalb eines Bildes verändern, etwa im Gesamtzusammenhang größer herausstellen. Und mit etwas mehr Mühe lassen sich sogar verschiedene Fotos zu einem neuen Bild kombinieren. Indem Sie Bildelemente isolieren und Motive aus verschiedenen Bildern zusammenfügen, gestalten Sie Bilder, die Ihnen so nie vor die Linse kamen.

Im achten Kapitel dieses Buches erfahren Sie,

- wie man ein Foto dem gewünschten Motiv anpasst,
- wie Sie Motivbestandteile freistellen
- und wie Sie Elemente aus verschiedenen Bildern zu einem neuen Bild zusammensetzen.

### Kapitel-Wegweiser

# Wichtiges Motivelement größer erscheinen lassen

Oft wird ausgerechnet der Motivbestandteil, der Grund für eine Aufnahme war, auf dem fertigen Foto zu klein dargestellt, wie beispielsweise die fliegende Möwe über der offenen See: ●.

Doch dies lässt sich korrigieren:

**1** Sofern Sie die Werkzeugpalette ausgeblendet haben, klicken Sie zunächst in der Menüleiste auf ● und dann im aufgeklappten Menü auf den Befehl ●.

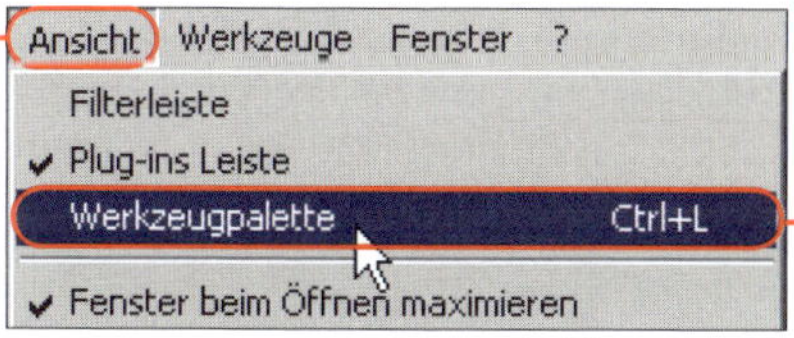


Die Werkzeugpalette werden Sie in diesem Kapitel des Öfteren brauchen, sodass es sich empfiehlt, sie eingeblendet zu lassen.

**2** In der Werkzeugpalette klicken Sie als Erstes auf ●

und anschließend auf das Symbol ●.

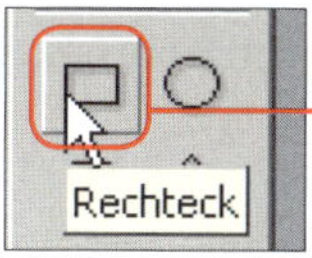


Nun ziehen Sie mit gedrückter Maustaste im Foto ein Rechteck auf, das die Möwe umschließt.

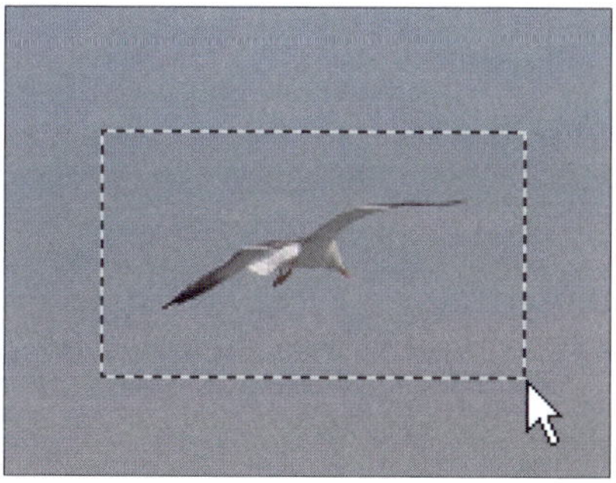

**3** Damit der markierte Bildbereich vorübergehend in den **Zwischenspeicher** von Windows kopiert wird, klicken Sie in der Menüzeile auf ● und im geöffneten Menü auf den Eintrag ●.

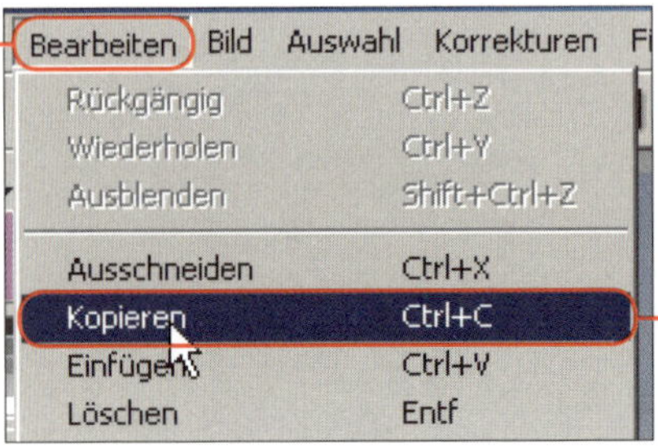


**4** Jetzt können Sie Einfluss auf die Größe des Bildes nehmen. Klicken Sie dazu zuerst in der Menüzeile auf ● und danach im geöffneten Menü auf die Funktion ●.

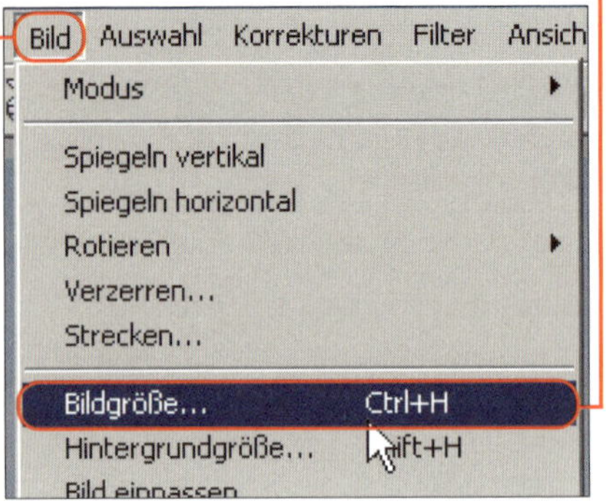


**5** Im Kontrollfenster „Bildgröße“, das daraufhin erscheint, klicken Sie neben dem Feld „Pixel“ auf den nach unten weisenden Pfeil ● und wählen als Maßeinheit Prozent ●.

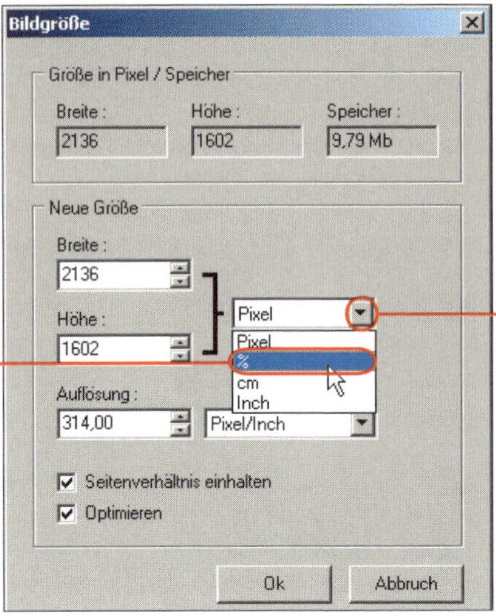


**6** Als Nächstes klicken Sie in das Eingabefeld links daneben und verkleinern die Bildbreite, indem Sie „75“ (Prozent) eingeben: ●.

Da unterhalb der Eingabefelder das Kontrollkästchen ● mit einem Häkchen markiert ist, reduziert sich der ursprüngliche Wert im Feld ●

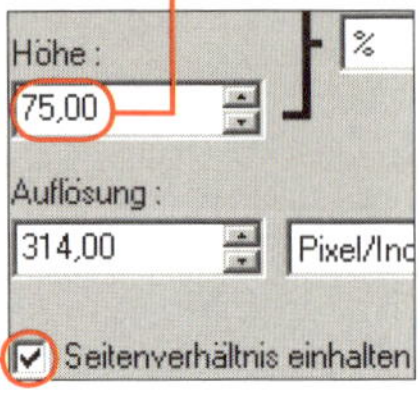

automatisch, sodass das Seitenverhältnis gewahrt bleibt.

**7** Nachdem Sie die Änderungen mit einem Mausklick auf die Schaltfläche

bestätigt haben, wird die Bildgröße wunschgemäß um 25 Prozent verringert.

**8** Klicken Sie nun im geöffneten Menü „Bearbeiten" auf den Eintrag ●.

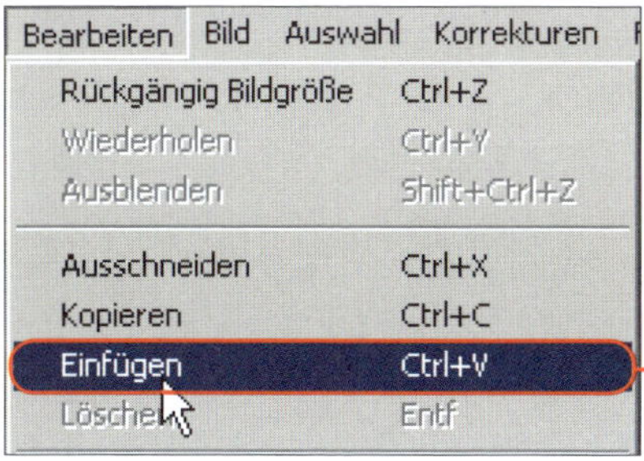


Anschließend können Sie den damit wieder eingefügten Motivbereich mit gedrückter Maustaste über die ursprünglich kopierte Stelle schieben. Wie Sie sehen, ist die Einfügung größer, während das Bild verkleinert wurde.

**9** Eine genauere Kontrolle zeigt, dass die Ränder des markierten und wieder eingefügten Bereichs noch nicht ganz verschwunden sind. Um dies zu retuschieren, markieren Sie die obere Kante des eingefügten Bereichs, wie in Schritt 2 dieser Anleitung beschrieben. Dann klicken Sie im geöffneten Menü „Filter" auf ● und im Untermenü auf ●.

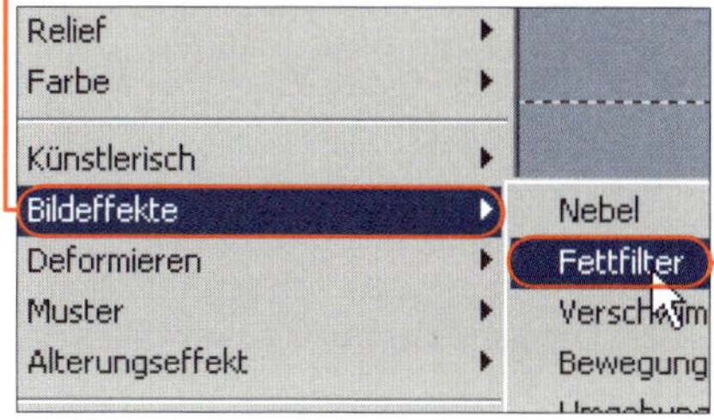


Um sämtliche Kanten zu verwischen, müssen Sie diesen Filter gegebenenfalls mehrere Male anwenden. Wiederholen Sie diese Aktion mit dem unteren und den beiden seitlichen Rändern.

**10** Zum Schluss speichern Sie das Bild unter einem anderen Namen ab, indem Sie im geöffneten Datei-Menü auf ●

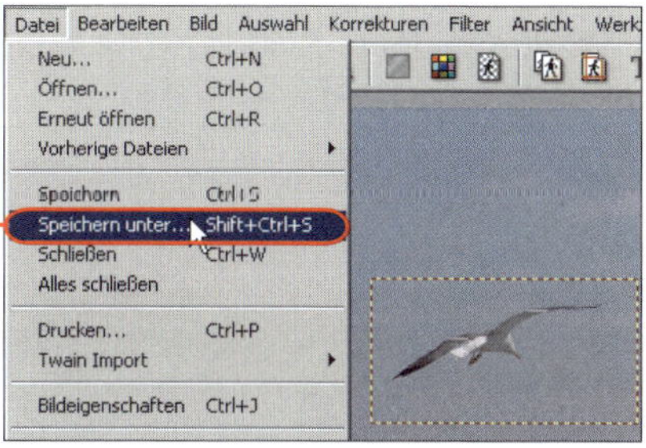


klicken und im nachfolgenden Fenster, wie beispielsweise in Schritt 2 auf Seite 47/48 gezeigt, einen neuen Dateinamen eingeben.

# Zwei Bilder kombinieren

Sie können ein Motivelement eines Bildes auch in ein anderes Bild einfügen. Hierfür müssen Sie das Motivelement, das Sie übernehmen möchten, zunächst in seinem Gesamtbild isolieren. Diese Methode heißt „Freistellen". Das freigestellte Motiv lässt sich dann beispielsweise mit einem anderen Hintergrund versehen. Ein trüber Himmel kann also einfach gegen einen Sonnenuntergang oder eine Landschaft ausgetauscht werden. Und so geht's:

## Ein Motiv freistellen

Der Trick, den Sie hier kennenlernen, erfreut sich auch bei Regisseuren wie Steven Spielberg größter Beliebtheit. Beim so genannten „Freistellen" markieren Sie alle nicht benötigten Motivelemente mit einer Farbe, die im ursprünglichen Bild möglichst gar nicht auftaucht.

1 Wenn Sie im folgenden Beispielbild den Himmel entfernen wollen,

klicken Sie zunächst in der Werkzeugpalette auf das Symbol „**Zauberstab**".

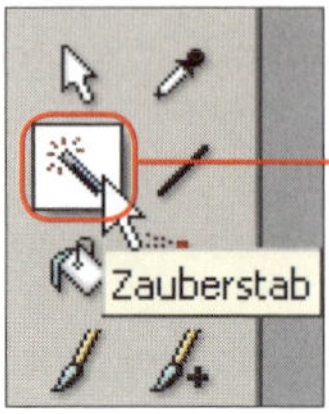


Dieses Werkzeug wählt automatisch alle Bildteile, die in etwa dieselbe Färbung haben wie der Punkt, auf den Sie mit dem Zauberstab klicken.

2 Um den Himmel zu markieren, klicken Sie mit dem Mauszeiger, der jetzt wie ein Zauberstab aussieht, auf eine Stelle im Himmel, beispielsweise.

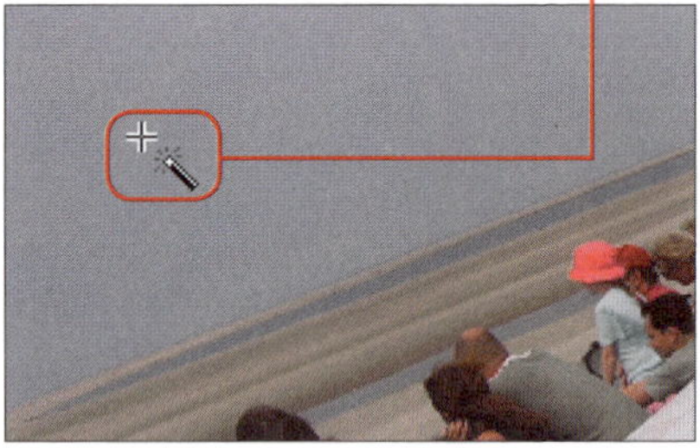

Diese Stelle sollte eine Farbe haben, die sich möglichst reichlich im Bild befindet. Im vorliegenden Fall sehen Sie nun, dass alle Bestandteile des Bildes, die im Nordsee-typischen „Himmelgrau" gehalten sind, nach dem Mausklick markiert sind. Das ist zum Glück ein sehr großer Teil des Bildes.

**3** Als Nächstes widmen Sie sich der Farbauswahl: Dazu klicken Sie in der Werkzeugpalette auf das oben liegende Farbraster. Wählen Sie eine Farbe aus, die mit großer Wahrscheinlichkeit im Bild nicht vorkommt. Aller Erfahrung nach sind Farben wie Giftgrün oder Schrillrosa in Fotos am seltensten. Klicken Sie also auf das passende Farbfeld, etwa ●,

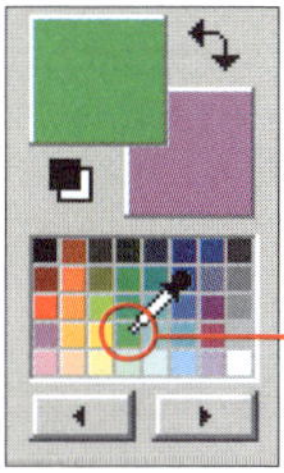

und anschließend auf das Füllwerkzeug ●.

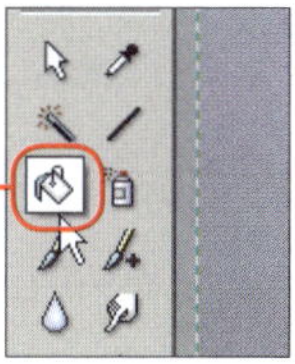

**4** Mit diesem Werkzeug, bei dem der Mauszeiger die Form eines überlaufenden Farbeimers annimmt, klicken Sie auf irgendeinen Punkt innerhalb des vom Zauberstab markierten Bereiches. Daraufhin füllt sich der markierte Bereich mit der ausgewählten Farbe - im konkreten Fall einem hässlichen Giftgrün.

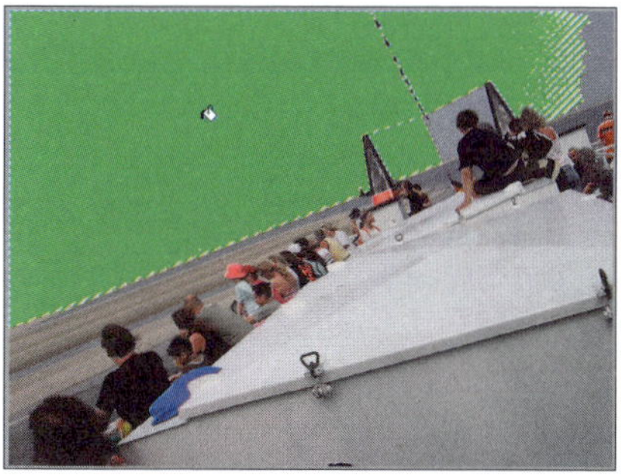

**5** Jetzt ist zwar schon ein bemerkenswert großer Bereich des Himmels eingefärbt, doch es bleibt noch einiges zu tun. Um nun weitere Bereiche mit dem Zauberstab markieren zu können, klicken Sie in der Menüzeile auf ● und im geöffneten Menü auf den Befehl ●.

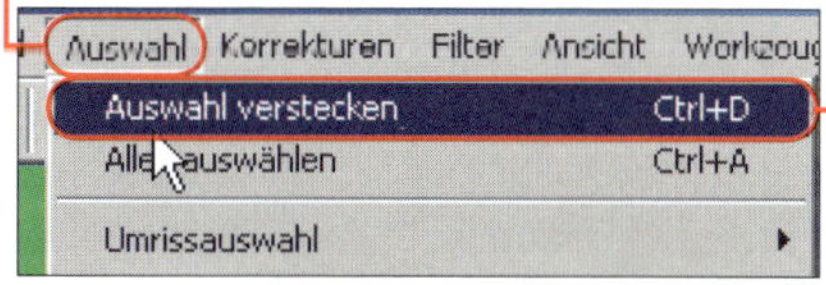


**6** Damit sich auch kleinere Flächen sauber markieren lassen, empfiehlt es sich, das Bild auf eine gut erkennbare Größe zu zoomen, wie in Kapitel 1 auf Seite 22 gezeigt. Mit dem Zauberstab markieren Sie die nächste Fläche und färben diese ebenfalls mit dem Füllwerkzeug. Diesen Vorgang wiederholen Sie so oft, bis Sie auch die kleinsten Ecken markiert haben.

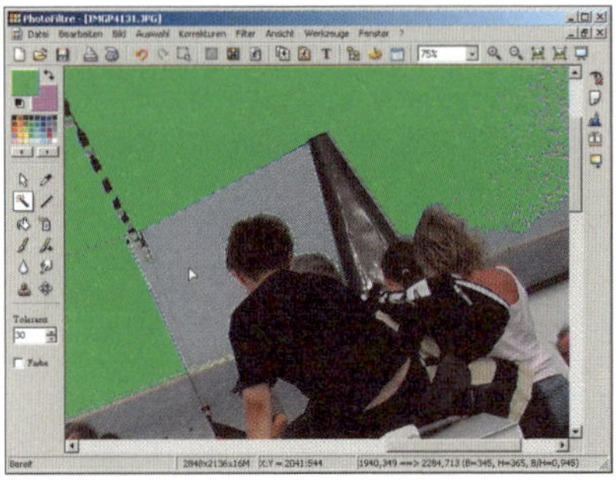

**7** Früher oder später gerät der Zauberstab aber an die Grenzen seiner Möglichkeiten. Bestimmte Bereiche, in denen die Farben in Mischwerten vorherrschen, lassen sich mit dieser Methode nun mal nicht markieren, zum Beispiel ●.

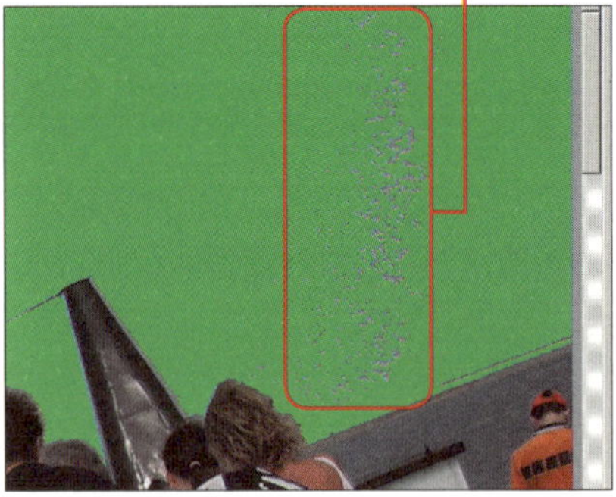

In solchen Fällen ist Handarbeit gefragt. Dazu benötigen Sie einen Pinsel. Klicken Sie also in der Werkzeugpalette auf das Symbol ● und anschließend auf ●.

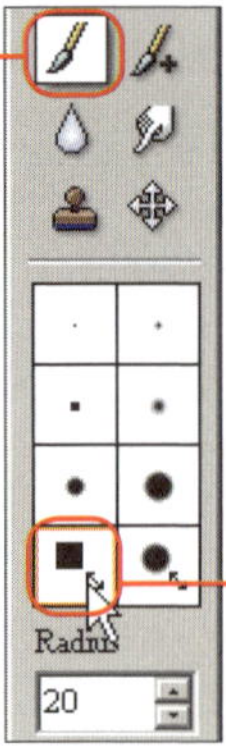


Direkt darunter tragen Sie als Größe ins Radius-Feld „20" Pixel ein.

**8** Nun verstecken Sie mit der Tastenkombination Strg und D, die dem Menübefehl „Auswahl verstecken" entspricht, abermals die Auswahl. Danach malen Sie die verbleibenden Bereiche von Hand grün aus. In den Randgebieten ist dies nicht ganz einfach. Gegebenenfalls verringern Sie den Pinselradius, indem Sie in der Werkzeugpalette im Feld ●

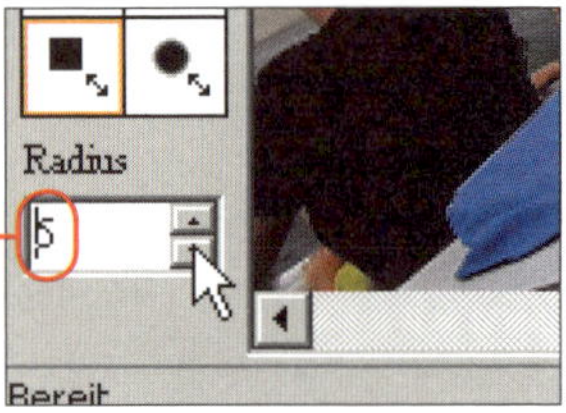


einen kleineren Wert eingeben.

**9** Schließlich haben Sie Ihr erstes Zwischenziel erreicht: Der ganze Himmel ist giftgrün eingefärbt.

## Motivumrisse speichern und kopieren

Wenn Sie das gewünschte Motiv freigestellt haben, können Sie es auch für ein ganz anderes Bild nutzen.

1 Aktivieren Sie dazu mit einem Mausklick erneut den Zauberstab ●, und klicken Sie anschließend in das Kästchen neben „Farbe", sodass darin ein Häkchen erscheint: ●.

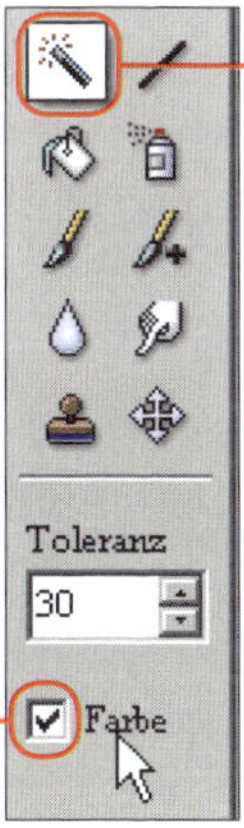


2 Sobald Sie nun mit dem Zauberstab in die giftgrüne Fläche klicken, werden automatisch alle Bildbestandteile in dieser Farbe markiert.

3 Jetzt können Sie den Speichervorgang einleiten, indem Sie in der Menüzeile auf ● und im geöffneten Menü auf die Funktion ● klicken.

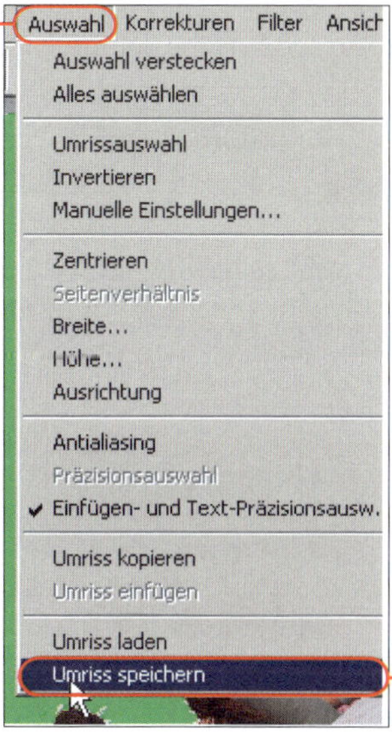

**4** Im Fenster, das daraufhin angezeigt wird, speichern Sie Ihre Auswahl unter einem passenden Namen, im Beispiel ●,

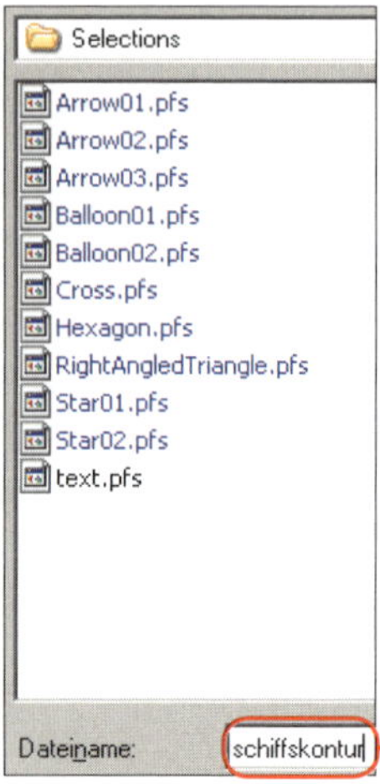


bevor Sie Ihre Eingabe per Klick auf

bestätigen.

**5** Nun geht es darum, das Bild auszuwählen, das Sie als Hintergrund für Ihr ausgeschnittenes Motiv verwenden wollen. Klicken Sie dazu auf ●,

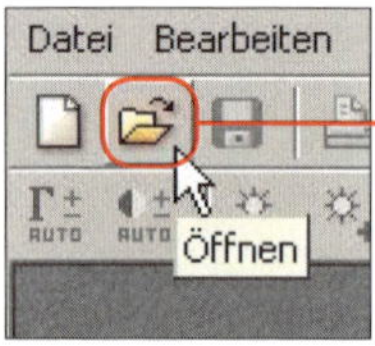


markieren Sie das gewünschte Bild mit einem Mausklick, beispielsweise ●, und bestätigen Sie mit ●.

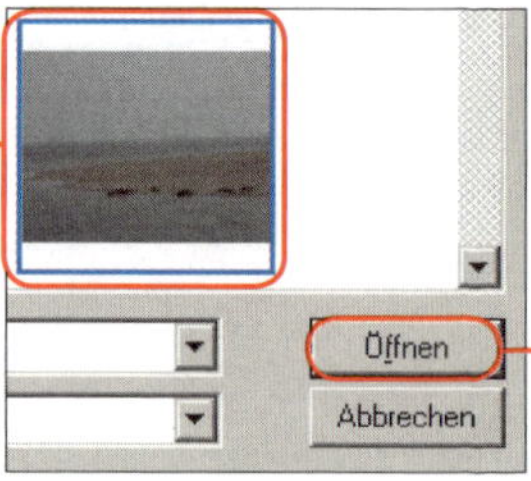


**6** Sobald das Bild in PhotoFiltre erscheint,

klicken Sie in der Werkzeugpalette auf das Auswahlwerkzeug ●

und anschließend darunter auf die Funktion ●.

**7** Im nachfolgenden Fenster markieren Sie mit einem Mausklick den Umriss, den Sie soeben gespeichert haben, im Beispiel ●,

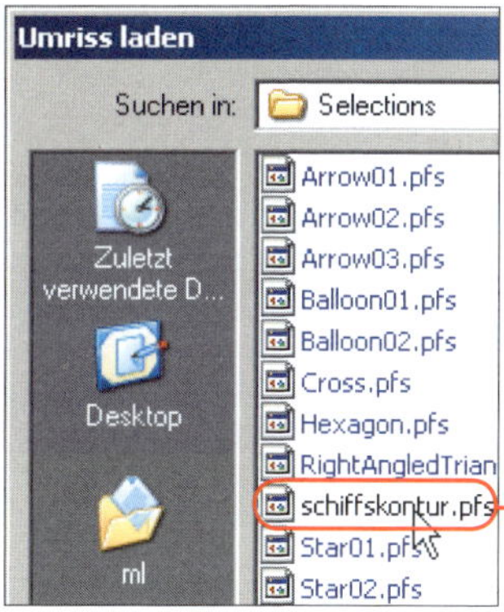


und klicken danach auf

.

**8** Nun überlagert dieser Umriss das Hintergrundbild.

Wenn beide Bilder mit derselben Kamera und in derselben Auflösung fotografiert wurden, müssen Sie glücklicherweise nicht befürchten, dass die Bildgrößen unterschiedlich sein könnten. Ansonsten müssen Sie die Bildgrößen, wie auf Seite 56 gezeigt, anpassen.

**9** Klicken Sie anschließend mit der rechten (!) Maustaste in das markierte Feld des Hintergrundbildes, und wählen Sie aus dem dann geöffneten **Kontextmenü** den Befehl ●.

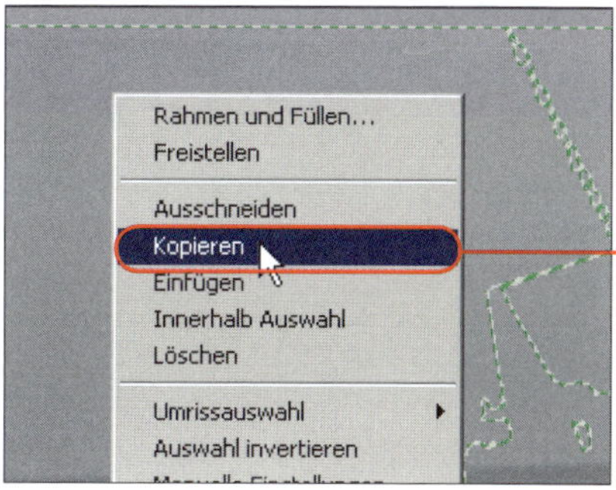


**10** Als Nächstes klicken Sie in der Menüzeile auf ● und im aufklappenden Menü auf den Namen des bereits freigestellten Ursprungsbildes, im Beispiel ●.

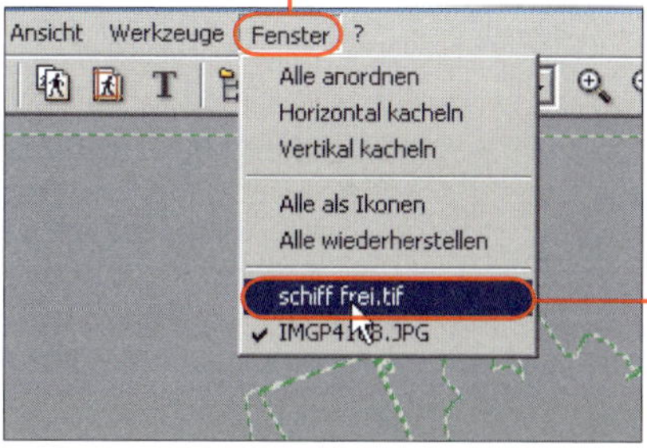

**11** Nun brauchen Sie mit der rechten (!) Maustaste nur noch in die freigestellte Hintergrundfläche zu klicken und im Kontextmenü den Befehl

zu wählen. Das war es auch schon: Der Hintergrund des Bildes ist ausgetauscht und gibt dem Beispielfoto wesentlich mehr Dynamik.

# 9 Bilder präsentieren mit Picasa2

PhotoFiltre lässt als Bildbearbeitungsprogramm nur sehr wenige Wünsche offen, zumal diverse Zusatzprogramme es nach Wunsch erweitern. Für die Bildverwaltung und das Erstellen von Bildpräsentationen gibt es aber echte Spezialisten, wie beispielsweise das Programm „Picasa2“, das von der Suchmaschine Google kostenlos zur Verfügung gestellt wird.

Gerade wenn Sie ein besonders eifriger Digitalfotograf sind, haben Sie über kurz oder lang so viele Aufnahmen „im Kasten“, dass es immer schwieriger wird, die Übersicht zu behalten und beispielsweise Bekannten eine Auswahl von Bildern zu zeigen. Solche Foto-Präsentationen haben inzwischen den beliebten Dia-Abend abgelöst. Doch auch wenn Sie lieber Papierabzüge haben möchten, die Sie dann bei passender Gelegenheit aus der Tasche ziehen, kann Ihnen Picasa2 bei der Bestellung behilflich sein.

Im neunten Kapitel dieses Buches erfahren Sie,

- wie Sie Picasa2 aus dem Internet laden und installieren,
- wie Sie Ihre vorhandenen Fotos in Picasa2 laden und verwalten,
- welche Bearbeitungsfunktionen von Picasa2 sinnvoll sind,
- wie Sie Ihre Fotos mit Picasa2 präsentieren können
- und wie Sie aus Picasa2 Abzüge Ihrer Fotos bestellen.

### Kapitel-Wegweiser

# Picasa2 kostenlos laden und installieren

Picasa2, das Spezialprogramm für die Verwaltung großer Bildmengen, lässt sich im Internet kostenlos beziehen. Der Grund: Picasa2 stammt von der Firma Google, die mit der freien Abgabe handfeste Geschäftsinteressen verbindet. Schließlich können Sie aus Picasa2 heraus auch recht bequem Abzüge Ihrer digitalen Fotos bestellen – und bei dieser Gelegenheit erhält die Firma Google eine Provision von den Anbietern digitaler Fotoabzüge für jede Bestellung, die über Picasa2 dort eingeht. Picasa2 ist also eine Art Werbeprogramm und eine Marketing-Schnittstelle.

**1** Starten Sie Ihr Internetanzeigeprogramm, geben Sie die Adresse **http://picasa.google.de** in die Adresszeile ●

ein, und drücken Sie die ↵-Taste.

**2** Auf der Startseite von Picasa2, die daraufhin angezeigt wird, klicken Sie auf ●

und auf der nachfolgenden **Download**-Seite auf den Eintrag ●.

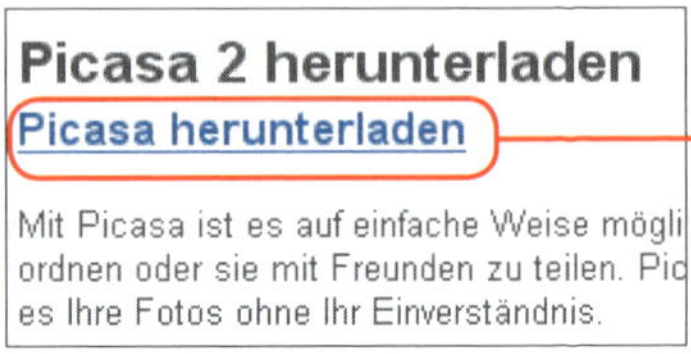


Falls die Übertragung von Picasa2 nicht automatisch eingeleitet wird, reicht ein Klick auf ●.

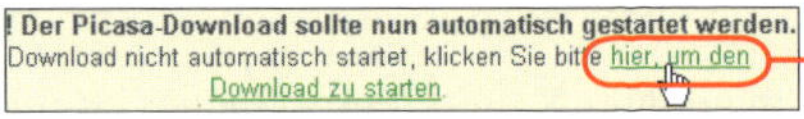


**3** Um den Speichervorgang auszulösen, klicken Sie im Fenster, das anschließend erscheint, auf die Schaltfläche ●.

Danach sorgen Sie dann dafür, dass die Datei auf Ihrem **Desktop** ● gespeichert wird

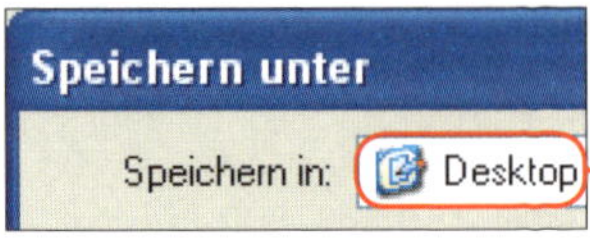

und klicken auf die Schaltfläche .

**4** Je nach Geschwindigkeit Ihrer Internetverbindung dauert es wieder ein paar Sekunden oder Minuten, bis das Programm komplett heruntergeladen ist. Wenn alles erledigt ist, klicken Sie auf

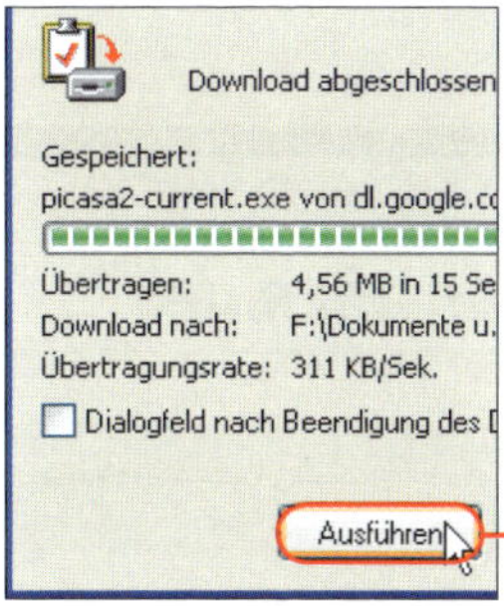


und im nachfolgenden Fenster mit der üblichen Sicherheitsabfrage ebenfalls auf .

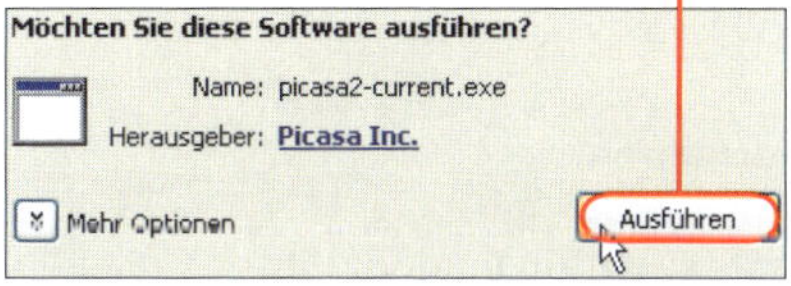


**5** Bevor die Installation beginnen kann, müssen Sie das Lizenzabkommen zu Picasa2 lesen und sich damit einverstanden erklären. Wenn Sie dies mit einem Mausklick auf

getan haben, schlägt Ihnen das Installationsprogramm vor, Picasa2 im **Ordner** „C:\Programme\Picasa2" zu installieren. Bestätigen Sie dies per Klick auf

.

**6** Um Ihnen den Zugriff auf Picasa2 künftig zu erleichtern, können Sie nun noch **Verknüpfungen** auf dem Desktop, im Start-Menü und in der **Taskleiste** anlegen. Darüber hinaus haben Sie die Möglichkeit, Picasa2 sofort zu starten und Google als Standardsuchmaschine festzulegen. Um dabei nicht die Übersicht zu verlieren, sollten Sie aber lediglich

markiert lassen. Schalten Sie die übrigen Optionen aus, indem Sie die dazugehörigen Kästchen anklicken, sodass die Häkchen darin verschwinden. Dann klicken Sie auf

.

**7** Zum Schluss empfiehlt es sich noch, das Symbol der heruntergeladenen Installationsdatei von Picasa2 zu löschen. Klicken Sie es dazu auf dem Desktop mit der rechten (!) Maustaste an, und wählen Sie im dann geöffneten Kontextmenü den Eintrag ●.

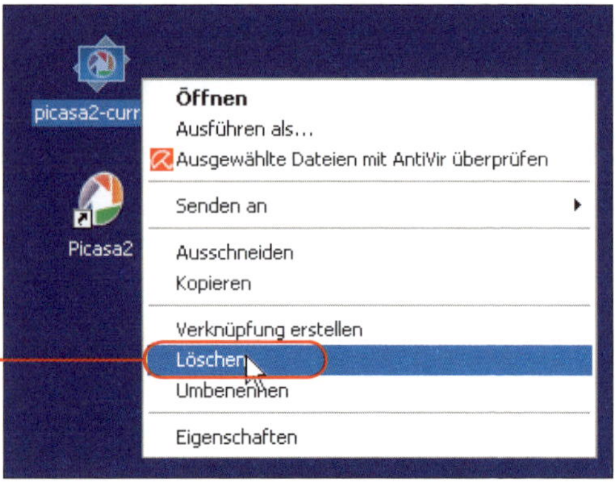


## Picasa2 starten und Fotos anzeigen

Damit ist Picasa2 fertig auf Ihrem PC installiert und kann nun zum ersten Mal eingesetzt werden.

**1** Um das neue Programm zu starten, klicken Sie auf dem Windows-Desktop doppelt, also zweimal kurz hintereinander, auf das Symbol ●.

**2** Beim ersten Programmstart möchte Picasa2 von Ihnen wissen, wo es künftig nach Bildern suchen soll. Da das Programm dazu neigt, wirklich jede Datei, die auch nur ansatzweise nach einer Bilddatei aussieht, in sein Verzeichnis aufzunehmen, sollten Sie mit einem Mausklick die Einstellung ●

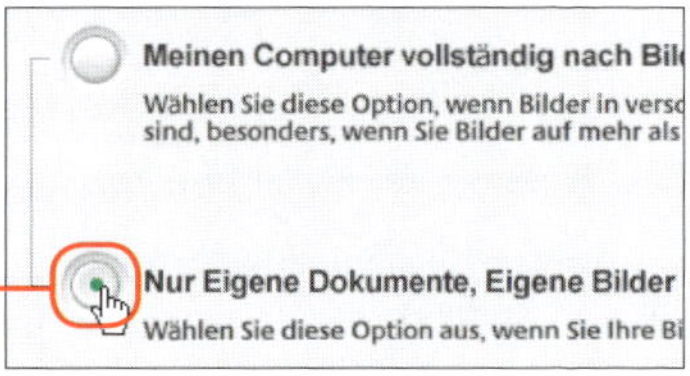


markieren, bevor Sie per Klick auf

fortfahren.

**3** Daraufhin beginnt Picasa2, die Bilddateien, die es findet, Stück für Stück zu registrieren. Dies kann eine Weile dauern. Über den Fortschritt werden Sie unten im Programmfenster auf dem Laufenden gehalten: ●.

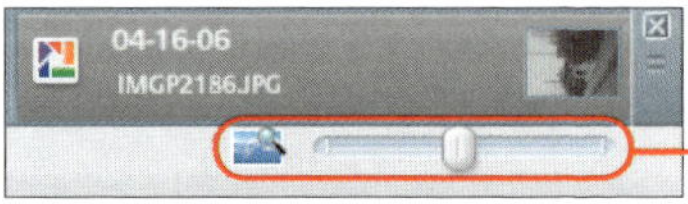

Wenn die Suche beendet ist, zeigt Picasa2 alle gefundenen Bilder in chronologischer Reihenfolge an.

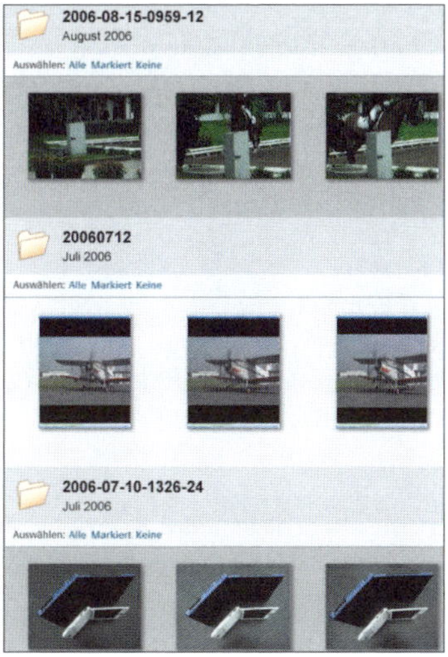


**4** Links im Fenster sind sämtliche Unterordner aufgelistet, in denen Bilder gefunden wurden.

Dabei werden die jüngsten Unterordner an oberster Stelle angezeigt. Ältere Ordner finden sich weiter unten.

### ! So ordnet Picasa2

Picasa2 orientiert sich nicht an dem Datum, an dem ein Ordner eingerichtet wurde, sondern achtet vielmehr auf das Datum der ältesten Datei im Ordner. Ebenso wenig interessiert sich das Programm für die tatsächliche **Verzeichnisstruktur** auf Ihrer Festplatte. Alle Ordner werden ausschließlich in chronologischer Reihenfolge dargestellt, was die Orientierung zunächst etwas gewöhnungsbedürftig macht. Wenn Sie allerdings den Tipp auf Seite 43 beherzigt haben, dürfte es hier keinerlei Probleme geben. Denn in dem Fall haben Sie sowieso alle Bilder in Unterordnern gespeichert, die als Namen die jeweiligen Aufnahmedaten tragen.

**5** Sobald Sie in der Liste einen Ordner mit einem Mausklick markieren, im Beispiel ●,

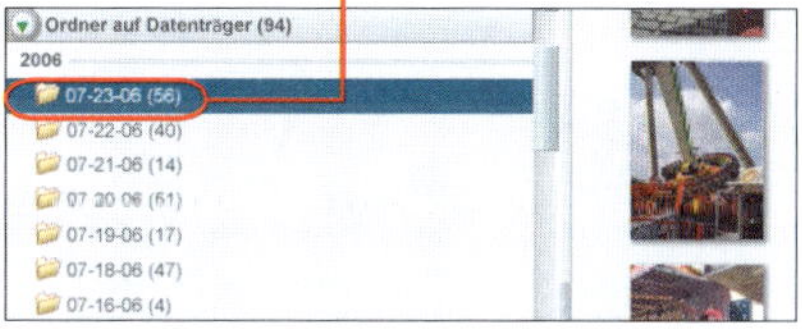


sehen Sie rechts daneben Miniaturansichten aller Bilder, die er enthält. Um sich etwas mehr Platz für diese Minibildchen zu verschaffen, können Sie die Trennlinie zwischen den beiden Bildschirmbereichen verschieben: Führen Sie einfach den Mauszeiger auf die Trennlinie (der Zeiger verwandelt sich nun in einen Doppelpfeil ●),

und ziehen Sie die Linie mit gedrückter Maustaste auf die gewünschte Spaltenbreite.

**6** Damit Picasa2 ein Bild im Fenster vergrößert, genügt ein Doppelklick auf das entsprechende Miniaturbild. In dieser Ansicht können Sie zwischen den Fotos des Ordners hin- und herwechseln, indem Sie auf die beiden nach rechts und links weisenden Pfeile klicken: ●.

Denselben Effekt erzielen Sie übrigens auch, wenn Sie auf Ihrer Tastatur die beiden nach links und rechts weisenden Pfeiltasten [←] und [→] drücken oder das Rad zwischen der linken und der rechten Maustaste drehen.

**7** Um ein Bild direkt mit dem Zoom-Faktor von 100% ansehen zu können, reicht ein Klick auf die Schaltfläche ●

neben dem Schieberegler, den Sie rechts unterhalb der Bildanzeige finden. Wenn Sie den Schieberegler anklicken und dann mit weiterhin gedrückter Maustaste ziehen, können Sie das angezeigte Bild im Programmfenster von Picasa2 ganz nach Wunsch vergrößern oder verkleinern. Stattdessen können Sie auch die nach oben und unten weisenden Pfeiltasten [↑] und [↓] auf Ihrer Tastatur verwenden.

**8** Falls der Zoom-Faktor erhöht wurde und das Bild nicht mehr ganz ins Programmfenster passt, können Sie den dargestellten Ausschnitt innerhalb eines vergrößerten Fotos verschieben. Unterhalb des Bildes erscheint hierfür eine verkleinerte Darstellung des Fotos. Darin ist der jeweilige Ausschnitt kleiner und heller dargestellt.

Diesen Mini-Ausschnitt können Sie mit gedrückter Maustaste verschieben, um den im großen Fenster gezeigten Ausschnitt zu verändern.

**9** Wollen Sie aus der Betrachtung der Einzelbilder wieder zurück zur Übersicht wechseln, in der alle Ordner aufgelistet sind, klicken Sie auf die Schaltfläche ●,

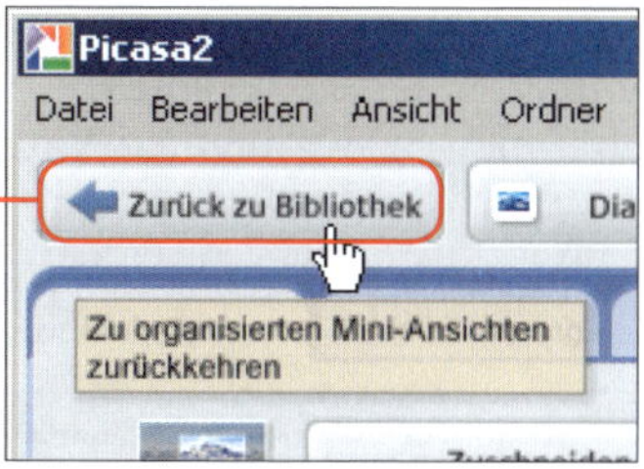


die Sie links oben gleich unter der Menüzeile finden. Denselben Effekt hat auch ein Druck auf die Taste Esc auf Ihrer Tastatur.

## Bilder mit Picasa2 verwalten

Die wohl praktischste Funktion von Picasa2 besteht darin, dass Sie damit Ordnung in Ihre Bilderflut bringen können, ohne die Ordnung auf Ihrer Festplatte zu stören.

Wenn Sie Ihre Fotos nicht nach chronologischen, sondern nach inhaltlichen Aspekten ordnen möchten und beispielsweise alle Familienfotos oder alle Tierfotos anzeigen wollen, spielt Picasa2 seine Stärken aus: Es bietet so genannte „Labels" an (bisweilen werden diese in Picasa2 auch als „Etiketten" bezeichnet). Solche Labels sind letzten Endes nichts anderes als eigene Unterordner - die jedoch nicht auf der Festplatte angelegt werden, sondern nur im „Gedächtnis" von Picasa2 gespeichert bleiben.

**1** Wenn Sie ein Bild einem Etikett oder Label zuordnen wollen, klicken Sie es mit der rechten (!) Maustaste an, führen im geöffneten **Kontextmenü** den Mauszeiger über ●

(in der vergrößerten Bildansicht heißt der Befehl „Etikett hinzufügen") und klicken im dann erscheinenden Untermenü auf den Eintrag ●.

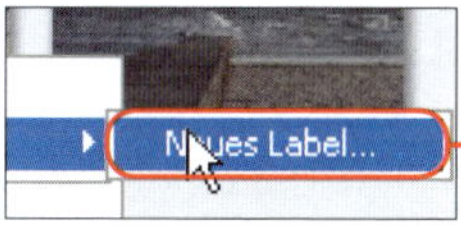

**2** Im Fenster, das daraufhin angezeigt wird, können Sie dem neuen Label einen Namen geben und auf Wunsch noch zusätzliche Angaben machen. Bestätigen Sie Ihre Eingabe mit einem Klick auf die Schaltfläche ●.

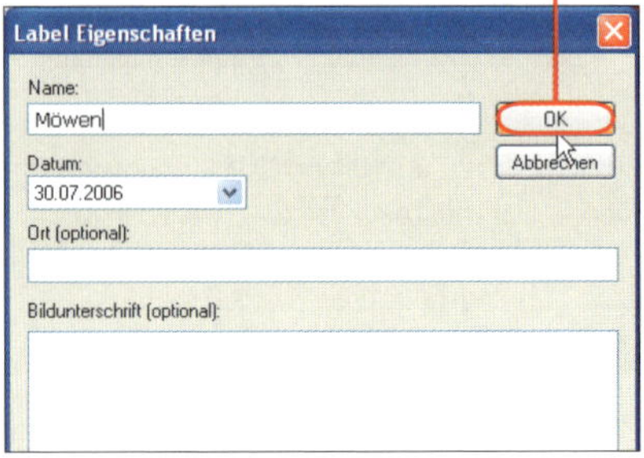


**3** Anschließend wechselt Picasa2 automatisch die Ansicht und zeigt Ihnen das Foto unter dem neuen Label an. Diese virtuellen Label-Verzeichnisse werden von Picasa2 grundsätzlich ganz zuoberst in der Verzeichnisspalte abgelegt: ●. Darunter folgen dann die verschiedenen Ordner, die auf Ihrer Festplatte Bilder enthalten: ●.

**4** Danach prüfen Sie, ob Sie weitere Bilder unter demselben Label ablegen möchten. Wenn Sie dazu ein Bild wieder mit der rechten (!) Maustaste anklicken, sehen Sie jetzt im Kontextmenü unter dem Befehl

(oder in der vergrößerten Bildansicht „Etikett hinzufügen") die bereits angelegten Label. Klicken Sie hier einfach auf den Namen des bereits angelegten Labels, im Beispiel ●.

### Richtig etikettieren

Selbst wenn Sie einem Bild versehentlich zweimal dasselbe Label verpassen, müssen Sie nicht befürchten, dass es zu Dubletten kommt: Picasa2 legt jedes Foto nur ein einziges Mal in einem Label ab.
Andererseits steht es Ihnen durchaus frei, einem Foto verschiedene Etiketten zuzuordnen. So können Sie ein Bild sowohl als Tierbild als auch als Urlaubsfoto einordnen und später wiederfinden.
Um ein weiteres, neues Label anzulegen, wiederholen Sie einfach die Schritte 1 und 2 dieser Anleitung.

**5** Falls Sie später ein Bild aus einem Label-Ordner löschen möchten, öffnen Sie einfach den entsprechenden Ordner in der Verzeichnisliste mit einem Mausklick, im Beispiel ●. Dann klicken Sie das Foto im Bilderfenster mit der rechten (!) Maustaste an und wählen im Kontextmenü den Befehl ●.

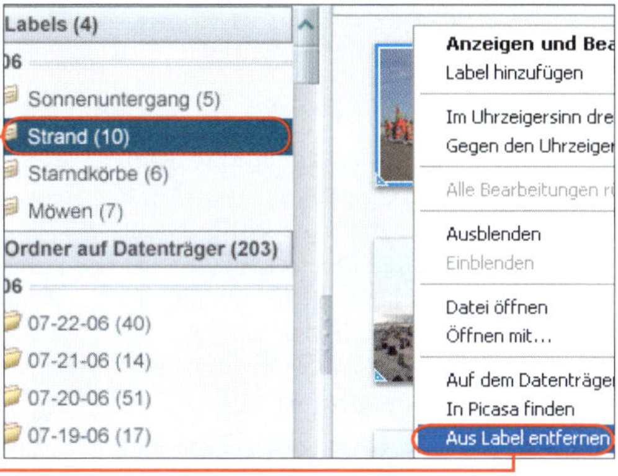


**6** Die nachfolgende Sicherheitsabfrage bestätigen Sie per Klick auf die Schaltfläche

.

Auch wenn das Bild nun aus dem Label verschwindet, wird die Bilddatei auf der Festplatte nicht angetastet. Das digitale Foto bleibt Ihnen also erhalten.

**7** Damit ein Label komplett entfernt wird, wechseln Sie wieder in die Label-Ansicht, klicken mit der rechten (!) Maustaste auf den Namen des Labels und wählen im Kontextmenü die Funktion ●.

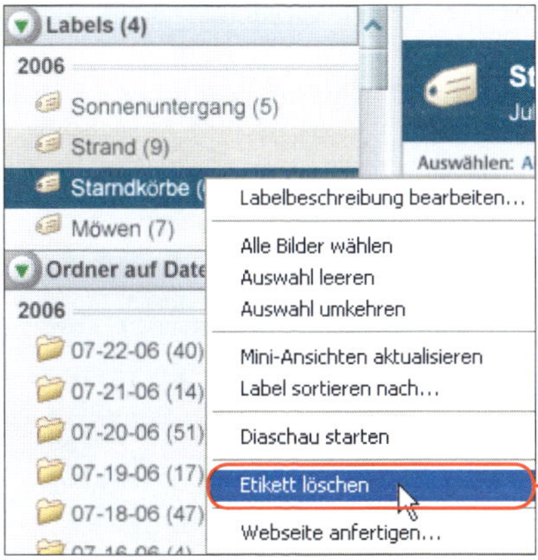


**! Achtung: Verwechslungsgefahr**

Statt das Kontextmenü aufzurufen, können Sie das Bild aus einem Label auch einfach mit einem Mausklick markieren und die Taste Entf auf Ihrer Tastatur drücken. Doch das ist nicht ungefährlich! Achten Sie unbedingt darauf, dass Sie sich in der Label-Ansicht befinden, ehe Sie die Taste Entf drücken. Sollten Sie sich dabei nämlich in einem normalen Datenträger-Ordner befinden, wird das Bild tatsächlich von der Festplatte gelöscht.

(Wie gesagt: Picasa2 ist etwas unschlüssig, ob ein Label nun ein Etikett ist oder umgekehrt.) Daraufhin verschwindet das Label aus der virtuellen Verzeichnisstruktur – ohne dass Sie Folgen für die Bilddateien auf der Festplatte befürchten müssten.

# Einfache Bildbearbeitung mit Picasa2

Auch das Programm Picasa2 bietet eine Reihe von Funktionen zur Bildbearbeitung. Diese Funktionen stehen Ihnen zur Verfügung, sobald Sie ein Bild per Doppelklick in die Einzelbildansicht holen. In der Einzelansicht finden Sie auf der linken Fensterseite das Angebot zur Bildbearbeitung, das über drei verschiedene Register erreichbar ist:

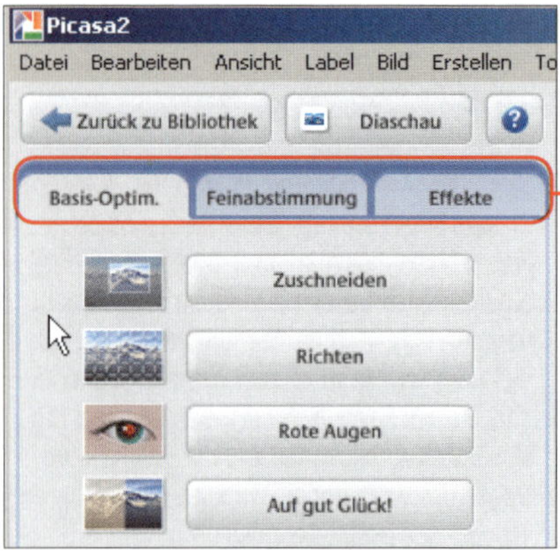


Von echtem Interesse sind aber nur einige wenige Funktionen des Registers „Basis-Optimierung“, die im Folgenden kurz vorgestellt werden. Bei den anderen Funktionen reichen die Ergebnisse von Picasa2 nicht an ein echtes Bildbearbeitungsprogramm wie PhotoFiltre heran.

**1** Die erste Funktion der „Basis-Optimierung“ betrifft das Zuschneiden von Fotos.

Interessant ist hierbei vor allem der Zuschnitt nach drei vorgegebenen Festformaten.

> **! Verschiedene Seitenverhältnisse**
>
> Beachten Sie bei den Festformaten bitte, dass Sie es hier mit unterschiedlichen Seitenverhältnissen zu tun haben:
> „10×15“ ist das klassische Kleinbild-Seitenverhältnis von Zwei zu Drei.
> „13×18“ entspricht eher dem Digitalformat von Drei zu Vier.
> „20×25“ stellt ein völlig neues Seitenverhältnis von Vier zu Fünf dar.

**2** Wenn Sie die Funktion mit einem Mausklick aktiviert haben, können Sie in der Bildansicht ganz nach Wunsch einen Bildausschnitt festlegen. Klicken Sie dazu in das Foto, halten Sie die Maustaste gedrückt, und ziehen Sie mit weiterhin gedrückter Maustaste einen Rahmen um den gewünschten Ausschnitt.

**3** Anschließend wählen Sie das Format, indem Sie einfach die gewünschte Option anklicken, beispielsweise das typische Fotoformat ●. Um eine Auswahl zu testen, klicken Sie kurz auf die Schaltfläche ●.

Daraufhin isoliert Picasa2 kurz den gerade markierten Ausschnitt.

**4** Sind Sie mit dem Ergebnis zufrieden, klicken Sie auf die Schaltfläche

.

Ganz gleich, für welches Format Sie sich nun entscheiden, die tatsächliche Auflösung Ihrer Bilder bleibt davon unbeeinflusst.

**5** Ähnlich komfortabel wie das Zuschneiden von Bildern funktioniert auch deren Ausrichtung in Picasa2. Laden Sie ein Bild mit „schiefem Horizont", und klicken Sie im Register „Basis-Optimierung" einfach auf die Schaltfläche

.

**6** Daraufhin wird ein Linienraster über Ihr Foto projiziert, und unterhalb des Bildes erscheint ein Schieberegler, den Sie mit gedrückter Maustaste ziehen können: ●.

So lässt sich das Bild nach Belieben um insgesamt etwa 30 Grad nach links oder

## ! Größere Drehungen

Zweifellos genügt eine Ausrichtung von maximal 30 Grad nicht, um ein hochformatiges Bild ins Querformat zu drehen oder umgekehrt. Für derartige Belange bietet Ihnen Picasa2 zwei Schaltflächen, mit denen Sie ein Bild jeweils um 90 Grad nach rechts oder links drehen können:

Diese Funktion steht Ihnen in Picasa2 jederzeit, also auch in der Übersichts-Ansicht zur Verfügung.

rechts kippen. Das genügt, um einen geneigten Horizont ins rechte Lot zu bringen.

**7** Wenn Ihnen die Änderung, die Sie am Bild vorgenommen haben, zusagt, bestätigen Sie diese einfach mit einem Mausklick auf

.

## Bilder aus Picasa2 exportieren

Ganz gleich, welche Bearbeitung Sie mit Picasa2 an Ihren Fotos vornehmen: Die Bilder werden ausschließlich in Picasa2 gespeichert und finden keinerlei Niederschlag auf der Festplatte. Wenn Sie ein Bild allerdings so bearbeitet haben, dass es Ihren Ansprüchen genügt, können Sie es auch als eigene Bilddatei speichern und diese in anderen Programmen - nicht zuletzt in PhotoFiltre - weiterbearbeiten.

**1** Um die Exportfunktion von Picasa2 aufzurufen, klicken Sie unten rechts im Programmfenster auf die Schaltfläche ●.

**2** Standardmäßig speichert Picasa2 bearbeitete Bilddateien in einem Unterverzeichnis des Ordners, aus dem Sie das Originalbild geladen haben. Den Namen des Ordners können Sie im Eingabefeld verändern. Um einen anderen Ordner als den vorgegebenen Speicherpfad auszuwählen, klicken Sie auf die Schaltfläche ●

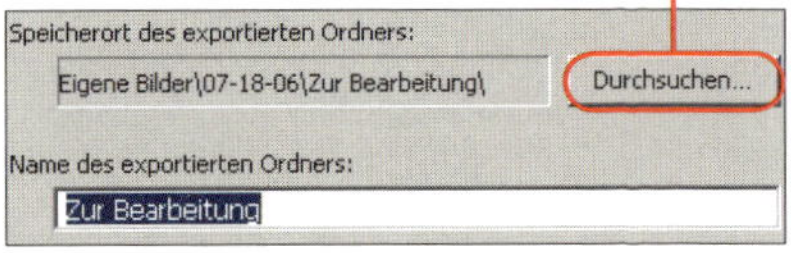


und bestimmen im nächsten Fenster per Mausklick, wo das neue Verzeichnis angelegt werden soll, bevor Sie mit ● bestätigen.

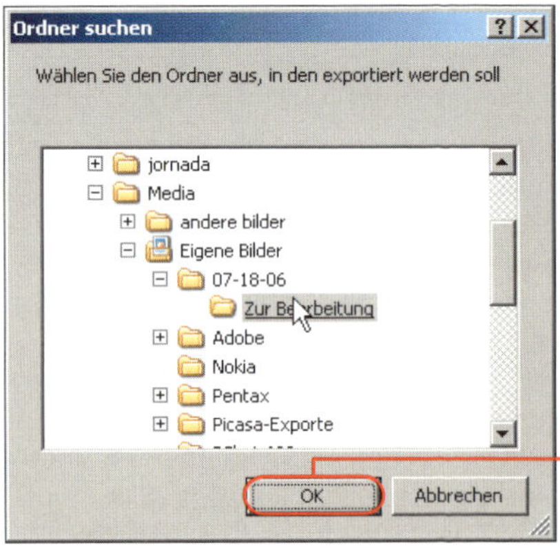


**3** Ihr Bild wird in voller Größe gespeichert, wenn im Export-Fenster die

Option markiert ist. Da dies in der Regel die beste Einstellung ist, um Verluste der Bildqualität zu vermeiden, klicken Sie nun auf .

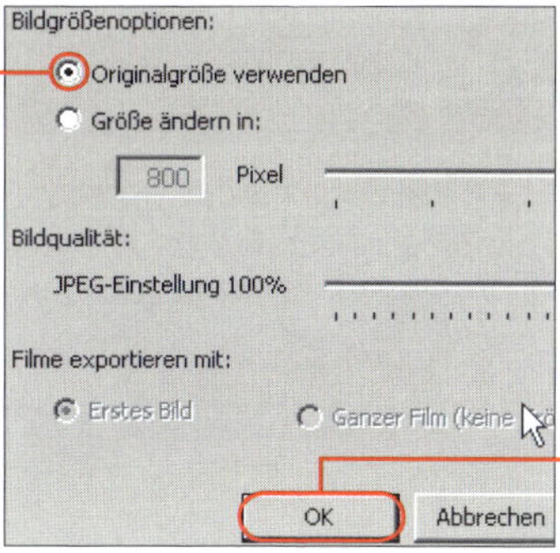


**4** Picasa2 legt daraufhin den Ordner an und speichert darin die bearbeitete Datei. Anschließend öffnet das Programm ein Arbeitsplatzfenster von Windows, in dem der Inhalt

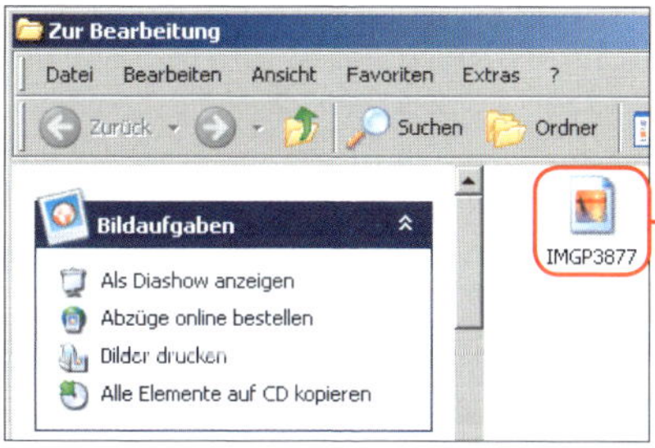


des neuen Ordners angezeigt wird. Hier können Sie nun auf die bearbeitete Fotodatei zugreifen, sie kopieren, in PhotoFiltre oder einem anderen Bildbearbeitungsprogramm öffnen oder andere Bildaufgaben erledigen.

### Verzeichnisse und Labels exportieren

**Was für einzelne Bilder gilt, funktioniert auch bei kompletten Unterordnern und Label-Ordnern. Markieren Sie in der Verzeichnisspalte mit einem Mausklick den gewünschten Ordner, im Beispiel , und klicken Sie danach auf die Schaltfläche .**

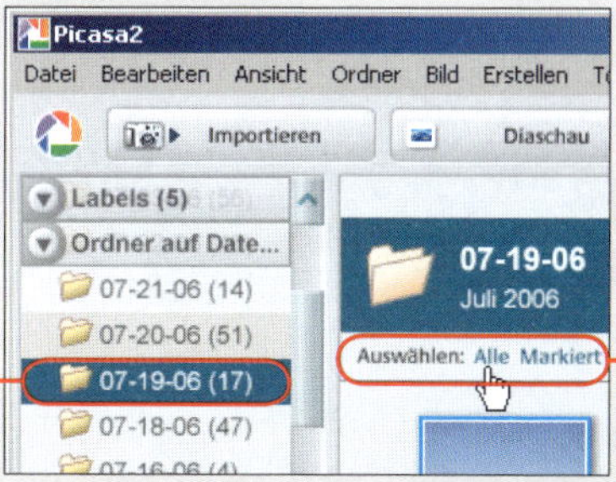


**Danach brauchen Sie im Prinzip nur die Anleitung zum Export einzelner Bilder zu wiederholen.**

## Fotos als Diaschau präsentieren

Ein Vorzug, der Picasa2 zum idealen Partner für PhotoFiltre macht, ist seine Fähigkeit, Ihre Fotos ohne großen Aufwand zu präsentieren. Auch hier leisten die Label von Picasa2 wertvolle Hilfe.

**1** Etikettieren Sie zunächst alle Bilder, die Sie zeigen möchten, mit einem eigenen Label, wie auf Seite 125/126 beschrieben. Daraufhin sind alle Bilder in einem eigenen Label-Ordner versammelt. Nun können Sie noch die Reihenfolge der Bilder verändern, indem Sie ein Bild anklicken und mit gedrückter Maustaste an die gewünschte Position ziehen.

**2** Sobald Ihnen die Reihenfolge gefällt, genügt ein Mausklick auf die Schaltfläche ●

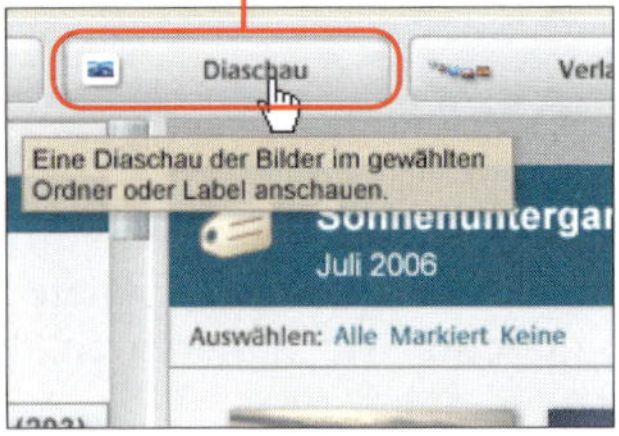


oben im Picasa2-Fenster, damit das Programm eine bildschirmfüllende Diaschau mit sämtlichen Bildern des aktiven Ordners startet.

**3** Um die Vorführung zu unterbrechen, reicht eine kurze Mausbewegung. Hierdurch werden am unteren Bildschirmrand Navigationselemente eingeblendet. Per Klick auf die Navigationspfeile ● springen Sie jeweils ein Bild vor oder zurück. Bilder, die richtungsverkehrt angezeigt werden, lassen sich mit einem Mausklick auf ● oder ● drehen.

Um die Zeitspanne für die Anzeige jedes Einzelbildes zu verändern, klicken Sie auf ●.

Damit die Diaschau fortgesetzt wird, genügt ein Klick auf

.

**4** Auch wenn Sie die Diaschau zum Beispiel an Freunde weitergeben möchten, hilft Picasa2 weiter: Klicken Sie einfach auf den Ordner in der Ordnerspalte und anschließend auf ●,

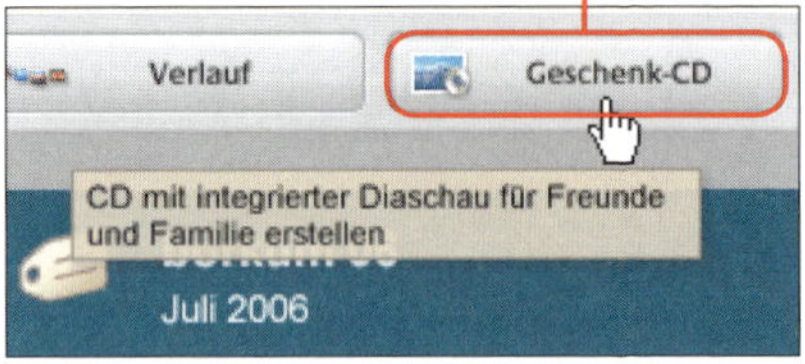


damit Ihre Diaschau auf eine CD oder DVD gebrannt wird.

**5** Daraufhin analysiert Picasa2 den Inhalt des Labels und teilt Ihnen mit, wie viele Dateien hier versammelt sind und wie viele CD- oder **DVD-Rohlinge** Sie brauchen werden.

Unten auf dem Bildschirm sind noch zwei Fenster mit Detaileinstellungen zu sehen. Im ersten Fenster

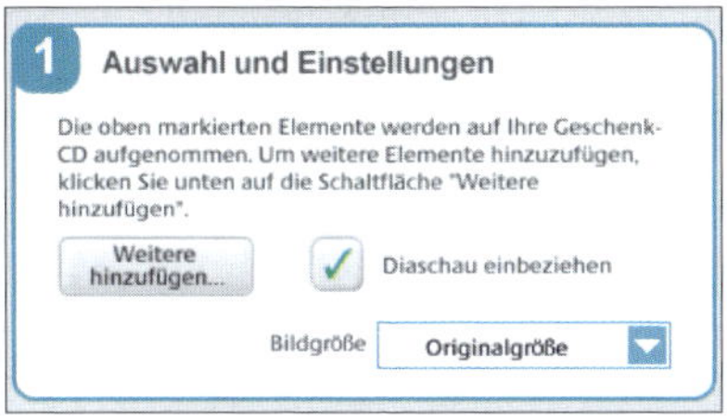


empfiehlt es sich, bei den Voreinstellungen zu bleiben.

**6** Im zweiten Fenster geben Sie im Feld der CD einen Namen (voreingestellt ist der Name des Labels). Außerdem sorgt die Voreinstellung

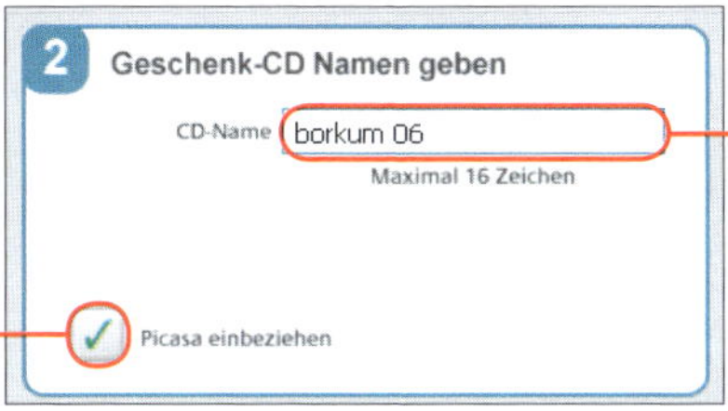


dafür, dass Picasa2 mit auf die CD gebrannt wird. Dies ist sinnvoll, da Sie ja nicht wissen können, ob der Adressat der CD über das Programm verfügt. Auch hier sind also keine Änderungen erforderlich.

**7** Wenn alles richtig eingestellt ist, müssen Sie nur noch einen leeren Rohling in den CD- oder DVD-Brenner Ihres PCs legen (den hat Picasa2 schon für Sie geöffnet)

und auf die Schaltfläche

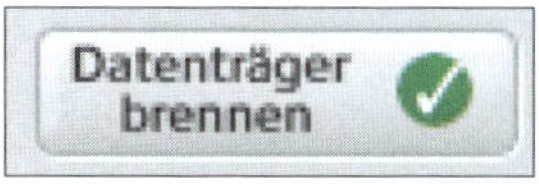


klicken.

**8** Nachdem der Datenträger eingelegt ist, klicken Sie im Fenster, das anschließend erscheint, einfach auf die Schaltfläche

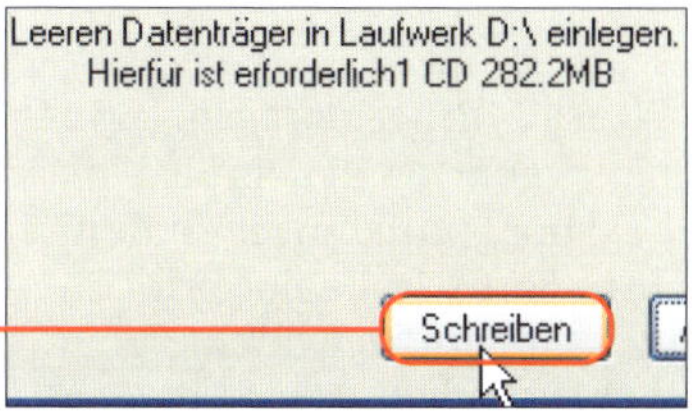


und fassen sich einige Augenblicke in Geduld, bis der Brennvorgang beendet ist. Dann fehlt nur noch ein Klick auf

.

# Mit Picasa2 Abzüge von Fotos bestellen

Auch für die Freunde von Papierabzügen bietet Picasa2 reichlich Hilfestellung.

**1** Wenn Ihnen eines Ihrer Fotos so gut gefällt, dass Sie es auch auf Papier haben möchten, markieren Sie es einfach mit einem Mausklick und klicken anschließend unten rechts im Programmfenster auf die Schaltfläche ●.

**2** Picasa2 öffnet daraufhin ein neues Fenster, in dem Sie eine Reihe von Fotolaboren finden, die Ihre Fotos zu Papier bringen können. Mit einem Klick auf eine der Schaltflächen ● entscheiden Sie sich für einen Anbieter. Anschließend stellt Picasa2 eine Internetverbindung zu dem ausgewählten Anbieter her und sorgt dafür, dass Ihr Bild dorthin geliefert wird.

**3** Die Programme der einzelnen Anbieter unterscheiden sich, lassen sich aber alle einfach benutzen. Bei einigen Anbietern wie zum Beispiel beim Schlecker Foto-Digital-Service erscheint als Erstes ein Fenster, in dem Sie sich anmelden müssen. Wenn Sie noch keine Zugangsdaten haben, klicken Sie hier auf ●.

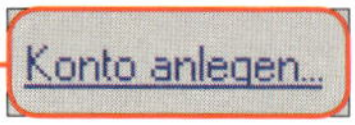


Für die Anmeldung wird dann die Internetseite des Anbieters geöffnet, auf der Sie E-Mail-Adresse, Passwort und Anschrift in die dafür vorgesehenen Felder eintippen.

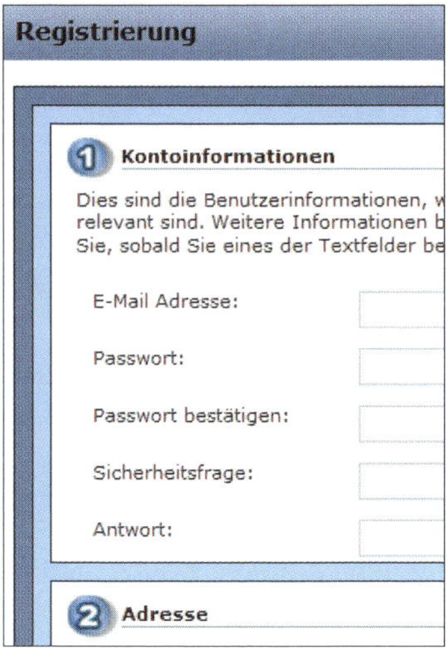


**4** Nachdem Sie Ihre Kundendaten eingetragen haben, können Sie sich mit Ihrer E-Mail-Adresse und Ihrem Passwort im Anmeldefenster identifizieren.

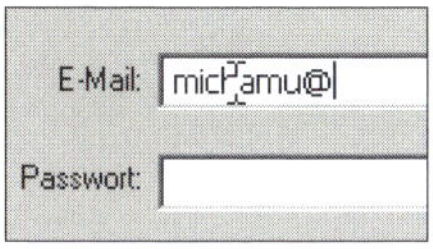


Nun überspielt Picasa2 Ihr Foto, und Sie können Format und Anzahl

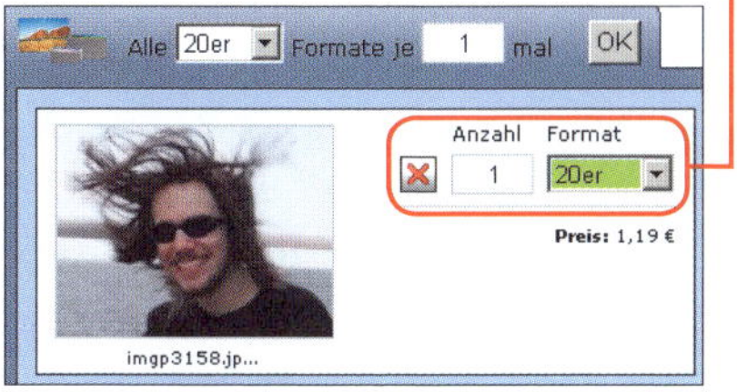


eingeben und die Fotos mit einem Mausklick auf

bestellen.

**5** Bei anderen Anbietern wie beispielsweise Foto-Quelle überträgt Picasa2 das markierte Bild sofort an diesen Anbieter,

und Sie bestimmen erst danach, in welcher Größe und Ausführung Sie Ihr Foto gern hätten. Dabei erfahren Sie auch, ob die vorliegende Bildqualität, erkennbar an der Farbe des Rahmens,

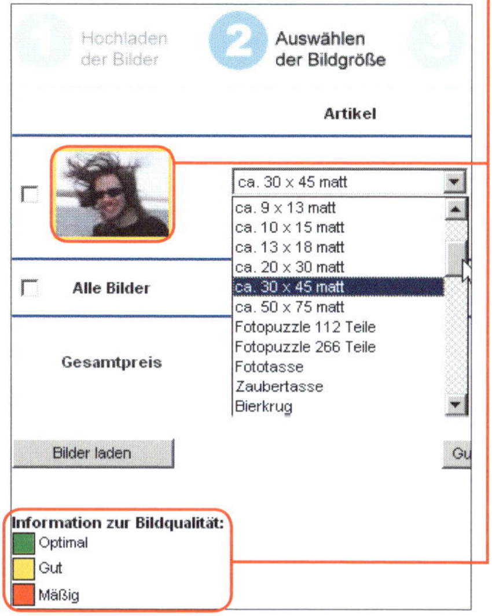


für das gewählte Format ausreicht. Nach Ihrer Anschrift wird hier erst im weiteren Verlauf des Bestellvorgangs gefragt.

# 10 Scannen, Drucken und Veröffentlichen

Der PC ist bei der Digitalfotografie in vielerlei Hinsicht von Nutzen. Wenn Sie beispielsweise einen Farbdrucker haben, brauchen Sie Ihre Fotos nicht extra an den Fotoservice zu übertragen und dann auf den Abzug zu warten, wie im letzten Kapitel gezeigt. Machen Sie einfach einen Ausdruck. Das geht schneller und kann sogar bessere Qualität liefern als Papierabzüge von Fotoservices. COMPUTERBILD selbst hat dies getestet!

Doch auch der umgekehrte Weg - vom Papierbild zum Digitalfoto - ist möglich, wenn ein **Scanner** an Ihren Computer angeschlossen ist. Damit lassen sich Fotos digitalisieren und anschließend mit der Bildbearbeitung optimieren. Auch hierbei erweist sich das Programm PhotoFiltre wieder als guter Partner.

Ob eingescannte Papierfotos oder Bilddateien aus der Digitalkamera: Wer seine Fotos zeigen möchte, braucht seine Lieblingsbilder nicht mit sich herumzutragen oder per Post zu verschicken. Fotos lassen sich auch im **Internet** veröffentlichen. Dazu bietet beispielsweise der Internetdienst „Flickr“ eine öffentliche Plattform.

Im zehnten Kapitel dieses Buches erfahren Sie,
- wie Sie Bilder aus PhotoFiltre ausdrucken,
- wie Sie Bilder mit PhotoFiltre einscannen
- und wie Sie Ihre Bilder zur Veröffentlichung im Internet vorbereiten.

**Kapitel-Wegweiser**

# Fotos selbst ausdrucken

Auch im Zeitalter der digitalen Fotografie haben Papierbilder nach wie vor ihre Berechtigung. Schließlich wollen Sie Ihre Urlaubsfotos ja auch im Freundeskreis herumzeigen oder die Oma mit den jüngsten Bildern ihrer Enkel beglücken. Hier stößt die digitale Technik an ihre Grenzen.

Im vorigen Kapitel haben Sie gelernt, wie Sie Abzüge digitaler Bilder im Internet bestellen können. Und auch herkömmliche Fotoannahmestellen reißen sich längst darum, Abzüge Ihrer Digitalfotos - oftmals direkt vom Speicherchip - anzufertigen.

Doch schneller geht es mit dem eigenen Farbdrucker. Damit lassen sich Bilder am heimischen PC jederzeit und mindestens ebenso gut ausdrucken wie im Labor.

**1** Um ein Bild aus PhotoFiltre auszudrucken, laden Sie es zuerst und klicken anschließend in der Menüzeile auf ● und im dann geöffneten **Menü** auf den Befehl ●.

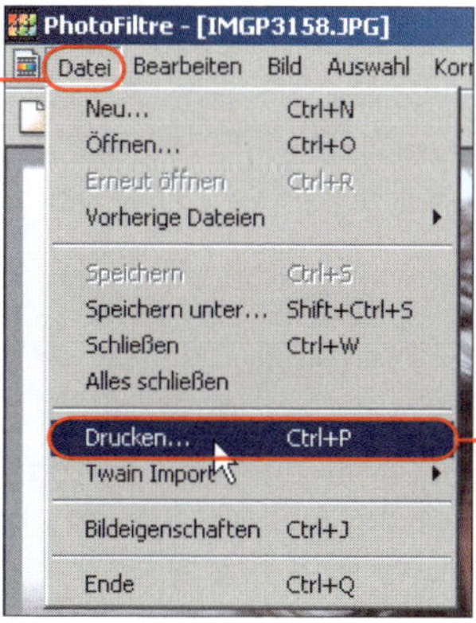


Im nachfolgenden Fenster können Sie ganz nach Wunsch Einstellungen zum Druck vornehmen.

**2** Wie groß das Foto auf dem Papier erscheint, stellen Sie mit dem Schieberegler im Feld unter „Skalierung" ein: ●. Klicken Sie den Regler an, halten Sie die Maustaste gedrückt, und ziehen Sie den Regler mit weiterhin gedrückter Maustaste an die gewünschte Position. Stattdessen können Sie die Breite oder Höhe des Bildes aber auch in Zentimetern eingeben und mit einem Klick auf ● bestätigen.

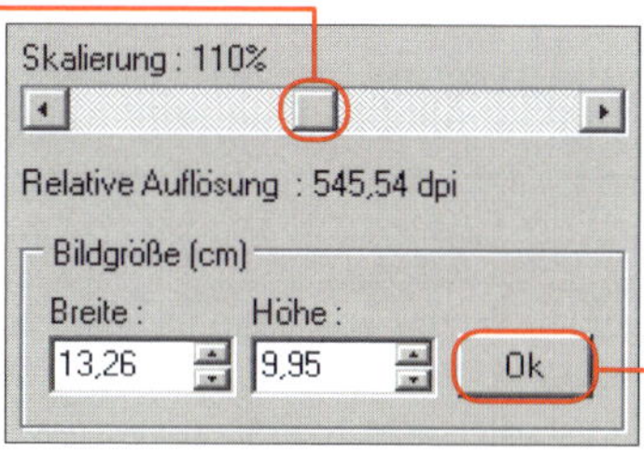

**3** Auch die Position des Bildes auf dem Blatt lässt sich verändern. Nachdem Sie das Häkchen im Kästchen

mit einem Mausklick entfernt und die Option damit ausgeschaltet haben, können Sie das Foto wunschgemäß platzieren. Geben Sie einfach die Abstände vom linken und oberen Blattrand in die Eingabefelder ein, und bestätigen Sie per Klick auf .

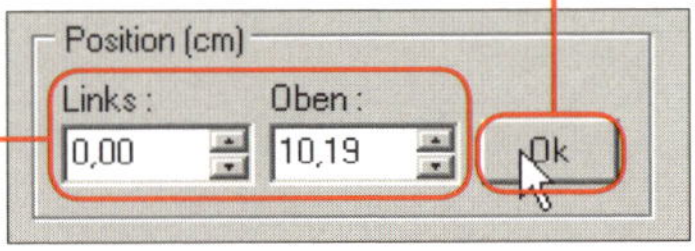


### Fotos ganz groß

Wenn Sie ein Foto seitenfüllend drucken möchten, können Sie sich Feineinstellungen sparen. Setzen Sie einfach oben im Fenster per Mausklick einen Haken in das Kästchen . Wie groß das Bild wäre, wenn es unverändert aufs Blatt ausgedruckt würde, sehen Sie stattdessen nach einem Klick auf .

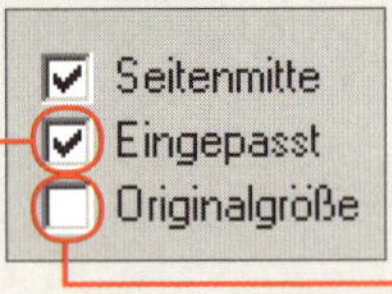


**4** Bevor Sie das Foto zum Drucker schicken, sollten Sie sich aber noch über dessen aktuelle Einstellungen informieren. Klicken Sie dazu im Fenster von Schritt 1 unten links auf die Schaltfläche ,

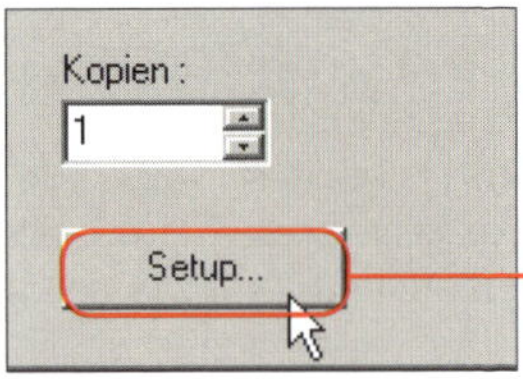


um Informationen über den angeschlossenen Drucker zu erhalten.

**5** Hier können Sie mit einem Mausklick auch die Ausrichtung bestimmen, in der das Blatt bedruckt werden soll.

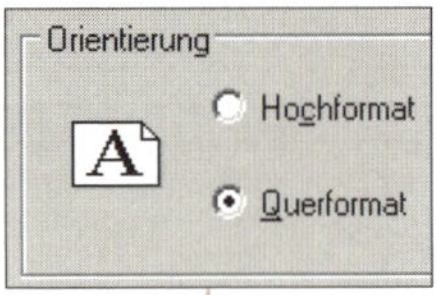


Und wenn Sie auf den Pfeil neben dem Feld

klicken, können Sie zudem festlegen, wie groß das Papier ist, das im Drucker einliegt. So haben Sie je nach Druckermodell auch die Möglichkeit, kleinformatige Fotopapiere zu bedrucken.

**6** Für weitere wichtige Druckereinstellungen klicken Sie auf ●.

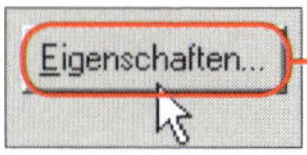


Daraufhin öffnet Windows ein Fenster, das Bestandteil der Drucker-Software ist und sich daher von dem hier gezeigten Beispiel unterscheiden kann. In der Regel können Sie hier die Papiersorte ● und die Druckqualität ●

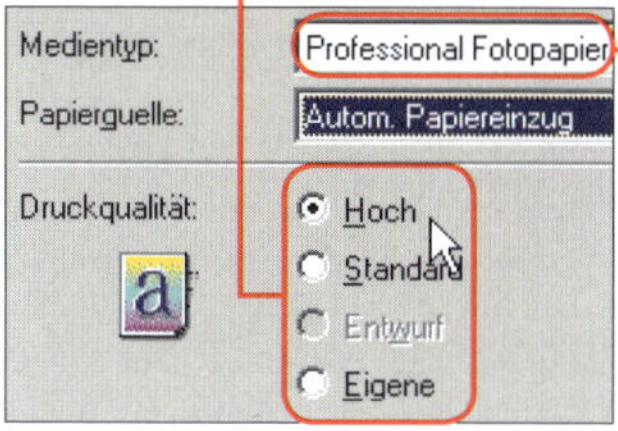


einstellen. Wichtig: Nur wenn Sie genau die Papierqualität angeben, die der ein-

## Mehrere Bilder auf einem Blatt

Die Druckfunktion von PhotoFiltre ist zwar auf dem aktuellen Stand der Technik, weist aber einen Nachteil auf: PhotoFiltre kann immer nur ein einziges Bild auf eine Seite drucken. Wenn Sie mehrere verkleinerte Bilder auf ein DIN-A4-Fotopapier drucken möchten, kann Ihnen wieder Picasa2 behilflich sein. Markieren Sie einfach in einem Ordner alle Bilder, die gedruckt werden sollen, indem Sie sie bei gedrückter [Strg]-Taste nacheinander mit der Maus anklicken. Anschließend klicken Sie am unteren Bildrand auf die Schaltfläche „Drucken“. Picasa2 schlägt Ihnen daraufhin verschiedene **Layouts** vor. Sobald Sie eines davon anklicken, etwa ●, können Sie sich die Verteilung der Bilder auf dem Papier in einer Vorschau ansehen: ●.
Auch bei Picasa2 sollten Sie unbedingt die aktuellen Druckereinstellungen kontrollieren, ehe Sie den Druckbefehl erteilen.

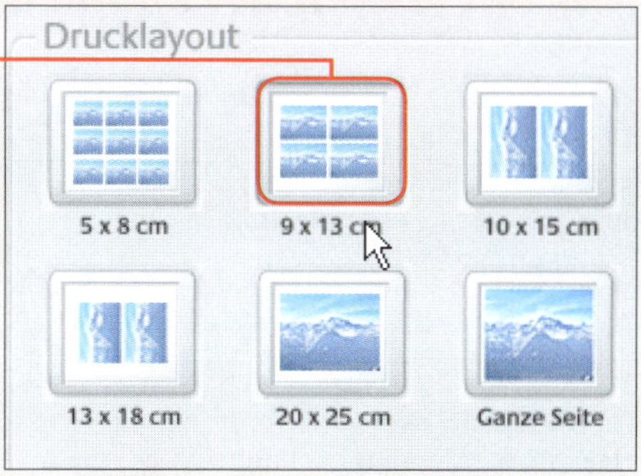

liegenden Papiersorte entspricht (diese Information finden Sie grundsätzlich auf der Packung des Druckpapiers) und die für dieses Papier höchste Druckqualität wählen, können Sie auch beste Druckergebnisse erwarten.

**7** Schließen Sie das Eigenschaften-Fenster und auch das Fenster der Druckereinrichtung jeweils mit einem Mausklick auf die Schaltfläche

.

**8** Um den Druck endgültig in Auftrag zu geben, klicken Sie im Drucken-Fenster von PhotoFiltre auf ●.

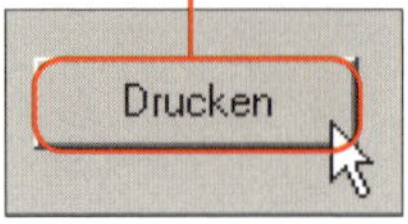


Schon nach kurzer Zeit haben Sie einen professionellen Ausdruck Ihres Fotos in der Hand.

## Bilder mit PhotoFiltre scannen

Der Weg von der Bilddatei zum Papierbild lässt sich auch umkehren: Sofern Sie einen Scanner besitzen, können Sie mit PhotoFiltre auch ein Papierbild in eine Bilddatei umwandeln.

**1** Ehe Sie den Scanvorgang starten, müssen Sie PhotoFiltre zeigen, woher es die Bilddateien beziehen soll. Öffnen Sie dazu im Dateimenü die Funktion ●,

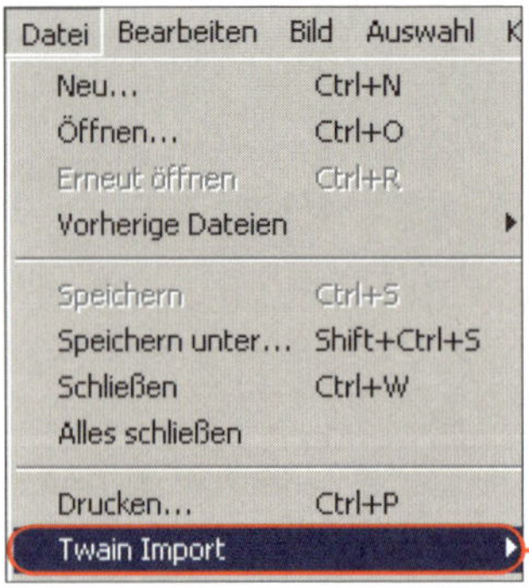


und klicken Sie hier auf den Eintrag ●.

**2** Anschließend werden Ihnen die beim Betriebssystem gemeldeten **Twain**-Quellen angezeigt. Darunter versteht man einen Standard, mit dem optische Geräte wie Scanner oder Kameras Bilder in den PC übertragen können. Wählen Sie im Fenster per Mausklick den Eintrag für Ihren Scanner aus, beispielsweise ●, und klicken Sie zur Bestätigung auf ●.

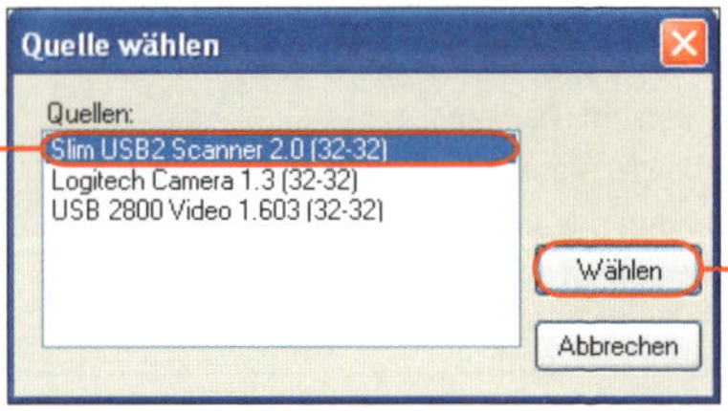

**3** Als Nächstes wählen Sie wie in Schritt 1 im Dateimenü abermals die Funktion „Twain Import“, klicken diesmal aber im Untermenü auf den Befehl

.

Daraufhin öffnet PhotoFiltre ein Scanner-Kontrollfenster, das sich je nach dem von Ihnen eingesetzten Scanner-Modell unterscheidet. Die Grundfunktionen wie Vorschau, Wahl des Ausschnitts und Qualitätseinstellung sind jedoch weitgehend identisch. Klicken Sie also einfach auf „Vorschau“ ●

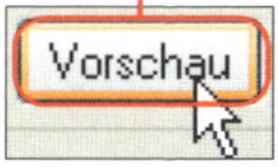


(mitunter auch englisch als „Preview“ bezeichnet), um sich anzeigen zu lassen, welches Bild gerade im Scanner liegt.

**4** Nach kurzer Wartezeit nimmt der Scanner seine Arbeit auf, und wenig später erscheint im Vorschaubereich des Scanner-Fensters das aktuelle Bild, im Beispiel ●.

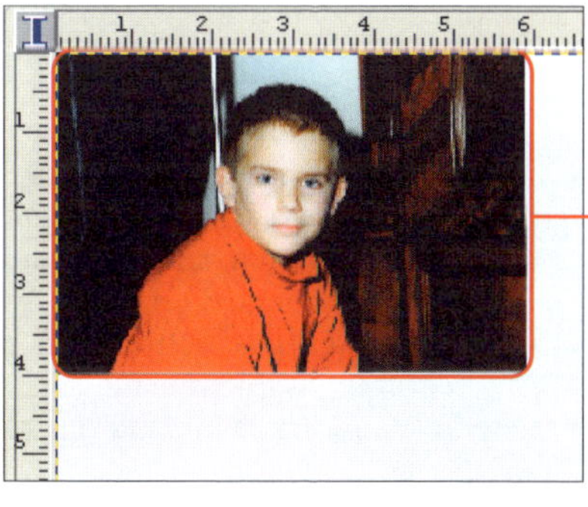

**5** Jetzt können Sie noch den Bereich festlegen, der tatsächlich gescannt werden soll. Dazu bietet Ihnen das Vorschaufenster einen gestrichelten Rahmen, der sich mit gedrückter Maustaste passgerecht um den zu scannenden Bildbereich ziehen lässt.

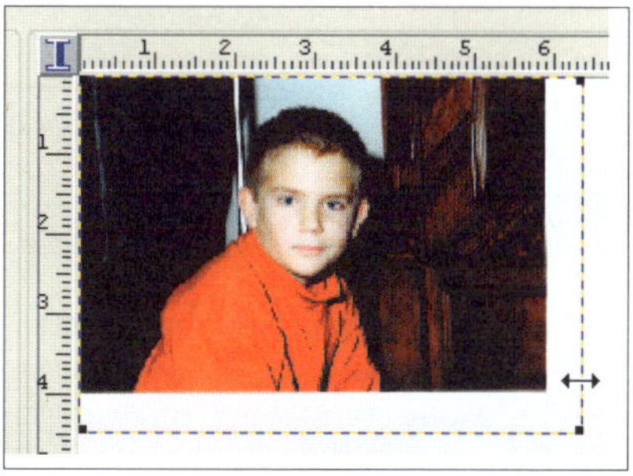

**6** Danach sollten Sie für das einliegende Bild noch die beste Wiedergabequalität einstellen. Im Fenster stehen zumeist verschiedene Möglichkeiten zur Wahl. Klicken Sie die Option an, die das Einlesen von Farbfotos zum Ziel hat, im Beispiel ●.

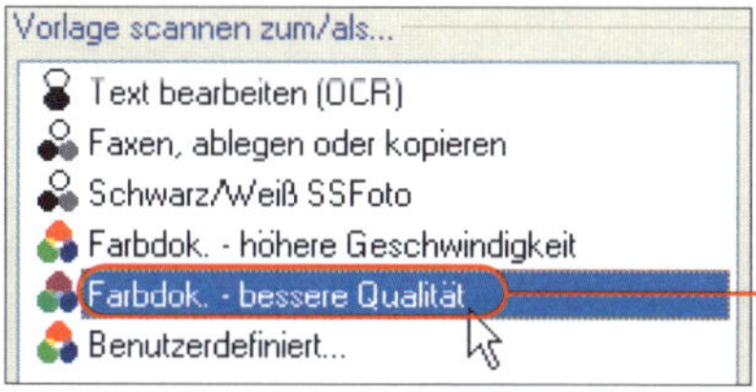


**7** Oft haben Sie zudem noch die Möglichkeit, die **Auflösung** zu bestimmen. Je nach zuvor gewählter Option macht das Scan-Programm dazu einen Vorschlag, beispielsweise ●.

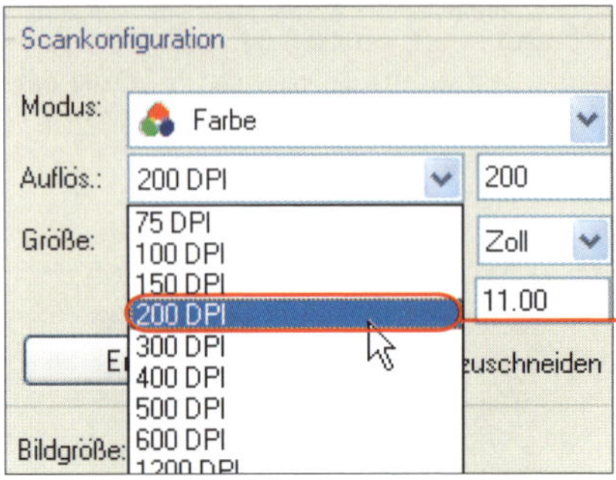


Es empfiehlt sich, diesen Vorschlag zunächst zu akzeptieren, auch wenn Sie die Auflösung im Prinzip ändern können. Bedenken sollten Sie auf jeden Fall, dass hohe Auflösungen schnell zu enorm großen Dateien führen können. Um den Scanvorgang zu starten, klicken Sie auf die Schaltfläche ●.

**8** Je nach Größe des zu scannenden Bereichs und gewählter Auflösung braucht der Scanner eine Zeit lang, um seinen **Job** zu erledigen. Anschließend zeigt PhotoFiltre das gescannte Bild im Programmfenster.

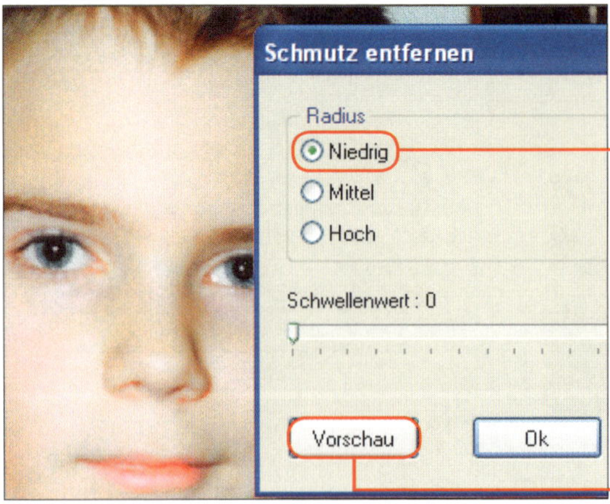


**9** Ehe Sie sich nun daran machen, die Farben Ihren Vorstellungen anzupassen, sollten Sie das Bild erst einmal auf 100% zoomen und kontrollieren, ob sich auf dem gescannten Papierabzug im Lauf der Zeit etwas Schmutz angesammelt hat. Mögliche Verunreinigungen entfernen Sie, wie auf Seite 83 erläutert. Im Fenster, das sich daraufhin öffnet, wählen Sie mit einem Mausklick ● und klicken auf ●.

**10** Wenn Ihnen das angezeigte Ergebnis gefällt, bestätigen Sie mit

[Ok].

Allerdings meint es der Schmutz-Filter auch bei niedrigen Einstellungen bisweilen etwas zu gut. Sollte Ihnen die Vorschau also nicht zusagen, klicken Sie auf

[Abbruch].

Stattdessen können Sie dann, wie in Kapitel 6 beschrieben, einen Weichzeichner-Filter ausprobieren.

## Bei einer Foto-Gemeinschaft anmelden

Vielleicht haben Sie inzwischen ja so viel Spaß an der digitalen Fotografie und Bildbearbeitung gefunden, dass Sie sich auch mal mit anderen Leuten austauschen wollen, die dieses Hobby teilen. Dazu bieten sich die so genannten Foto-Gemeinschaften (engl. „Communities") an, die es seit einiger Zeit im Internet gibt. Hier finden Fotografen die Möglichkeit, einem großen Publikum eigene Bilder vorzustellen - und natürlich auch, sich von den Bildern anderer Fotografen anregen zu lassen.

Die wohl älteste und zweifellos größte und bekannteste dieser Communities heißt „Flickr" (zu Deutsch: Geflimmer) und gehört seit einiger Zeit zur Internet-Firma **Yahoo!** Daher steht Flickr allen Yahoo!-Kunden offen, was den Vorteil hat, dass man die Anmeldung bei diesem englischsprachigen **Dienst** auch beim deutschen Ableger von Yahoo! erledigen kann. So geht's:

**1** Als Erstes geben Sie in die Adresszeile Ihres Internetanzeigeprogramms die Adresse

www.yahoo.de

ein und bestätigen wie üblich mit der [↵]-Taste. Damit landen Sie prompt auf der Startseite von Yahoo! Deutschland.

**2** Für die erstmalige Registrierung klicken Sie hier auf den Eintrag

und auf der Seite, die daraufhin geöffnet wird, auf die Schaltfläche.

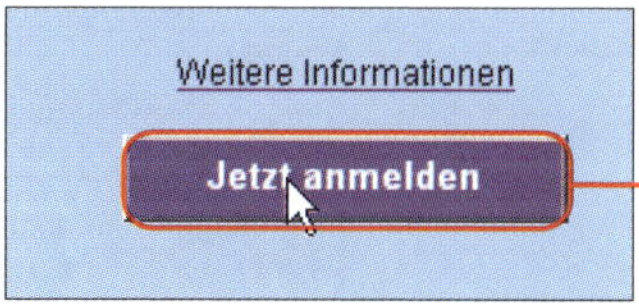

**3** Auf der nachfolgenden Seite müssen Sie Ihren Namen und andere persönliche Daten in die dafür vorgesehenen Felder eintragen. Außerdem geben Sie sich einen Benutzernamen, die so genannte Yahoo!-ID, diesen Namen können Sie nach Belieben wählen. Wie üblich müssen Sie auch ein **Passwort** eingeben und im Feld darunter wiederholen. Mit der Antwort auf die von Ihnen gewählte geheime Frage

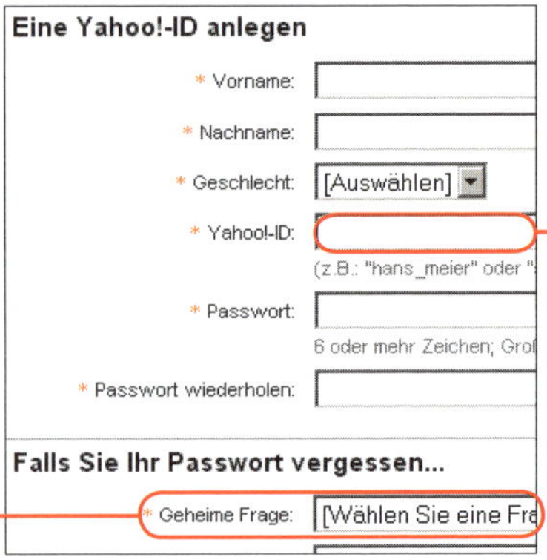


können Sie sich beim Anbieter ausweisen, falls Sie das Passwort einmal vergessen haben sollten.

**4** Wie gewohnt wird zuletzt eine Registrierungsbestätigung verlangt. Tippen Sie die Zeichen, die etwas verworren auf dem Bildschirm angezeigt werden, in das Eingabefeld darüber: .

Diese Maßnahme hilft Yahoo! sicherzustellen, dass die Anmeldung eigenhändig und nicht von einem automatischen Programm durchgeführt wird.

**5** Nachdem Sie dann noch die Geschäftsbedingungen zur Kenntnis genommen und mit einem Klick auf

bestätigt haben, ist alles erledigt: Auf Ihrem Monitor erscheint eine Anmeldebestätigung – und schon sind Sie Yahoo!-Mitglied.

**6** Mit Ihrer neuen Yahoo!-Identität und deren Passwort können Sie sich jetzt bei Flickr anmelden. Geben Sie dazu die Adresse

in die Adresszeile Ihres Internetanzeigeprogramms ein, und bestätigen Sie mit der [↵]-Taste.

**7** Nachdem Sie auf der Flickr-Startseite auf die Schaltfläche

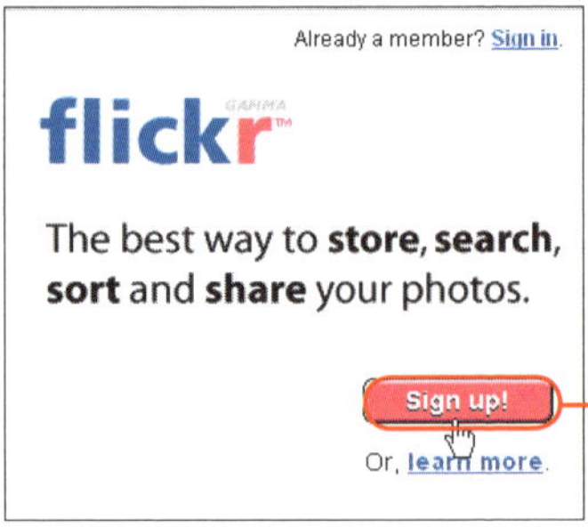

geklickt haben, müssen Sie im nächsten Fenster Ihre Yahoo!-ID und Ihr Passwort von der Registrierung eintragen. Klicken Sie anschließend auf ●.

**8** Danach haben Sie noch die Möglichkeit, sich für Flickr einen eigenen Benutzernamen zuzulegen, der sich von Ihrem Yahoo!-Namen unterscheidet. Sie können aber auch Ihren Yahoo!-Namen beibehalten und diesen einfach per Klick auf ● bestätigen.

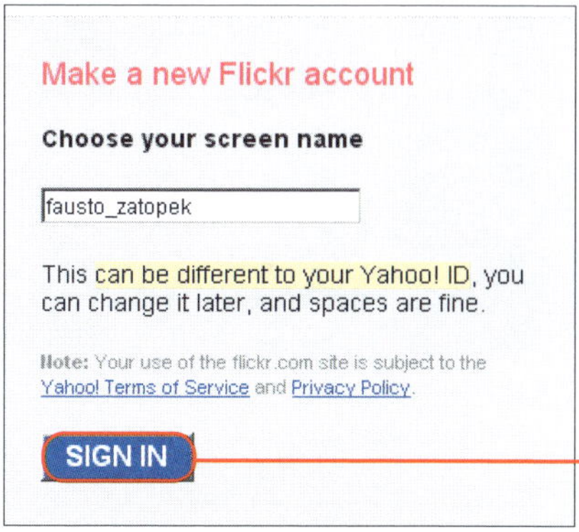


# Fotos im Internet veröffentlichen

Wenn Sie sich, wie im vorigen Abschnitt gezeigt, bei Flickr angemeldet haben, können Sie sofort Ihr erstes Foto hochladen.

**1** Klicken Sie dazu auf der entsprechenden Internetseite

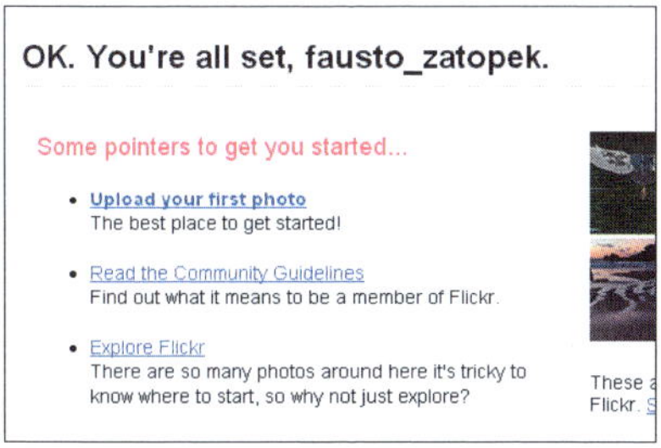


auf den Eintrag ●.

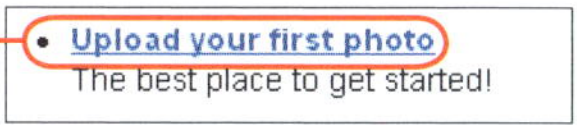


Um nun ein Foto auf Ihrem Computer zur Übertragung auszuwählen, klicken Sie auf der nächsten Seite neben dem ersten Eingabefeld auf ●.

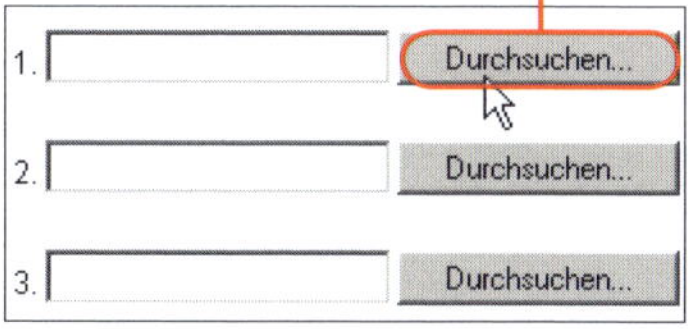


**2** Anschließend markieren Sie im gewohnten Arbeitsplatzfenster von Windows das Bild, das Sie überspielen wollen, mit einem Mausklick, im Beispiel ●,

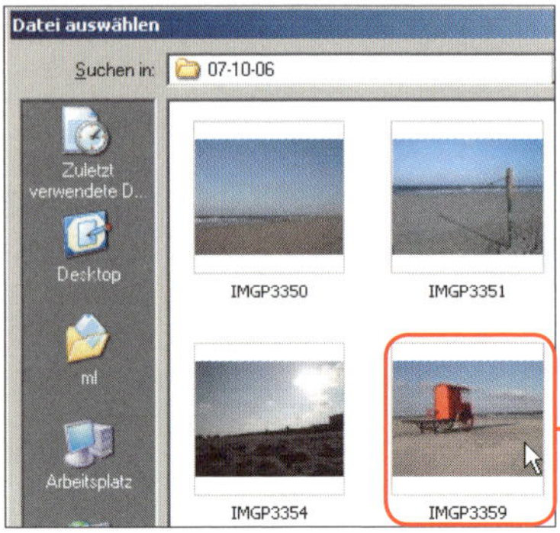


und bestätigen dann mit

Daraufhin landen Sie wieder bei den Dateieingabefeldern und können von hier aus per Klick auf die nächste Schaltfläche

weitere Fotos auswählen.

**3** Wenn Sie mit der Auswahl fertig sind, können Sie am unteren Ende der Seite bestimmen, ob Ihre Bilder für alle Flickr-Besucher ● sichtbar sein sollen oder ob sie privat ●

sind und lediglich Freunde und Familie einen Blick darauf werfen dürfen. Es folgt ein Klick auf ●.

**4** Im nächsten Fenster werden Sie um etwas Geduld gebeten, da es eine Weile dauert, bis alle Bilder durchs Internet zu Flickr übertragen sind. Lassen Sie dieses Fenster bitte geöffnet, solange der Ladevorgang dauert!

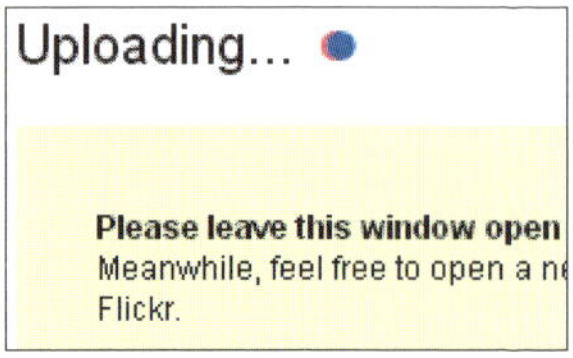


Ist der Ladevorgang beendet, teilt Ihnen Flickr mit, dass Ihre Bilder gerade verarbeitet werden, damit sie den vom Programm unterstützten Formaten überhaupt genügen.

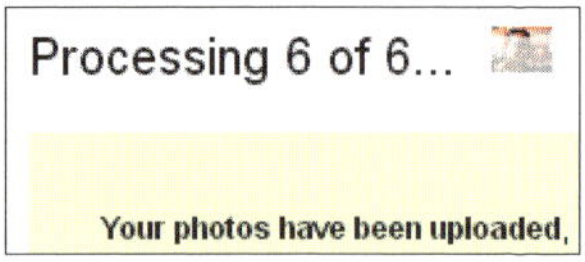


**5** Wenn die Übertragung und die Verarbeitung abgeschlossen sind, können Sie zu Ihren Bildern noch Beschreibungen ●

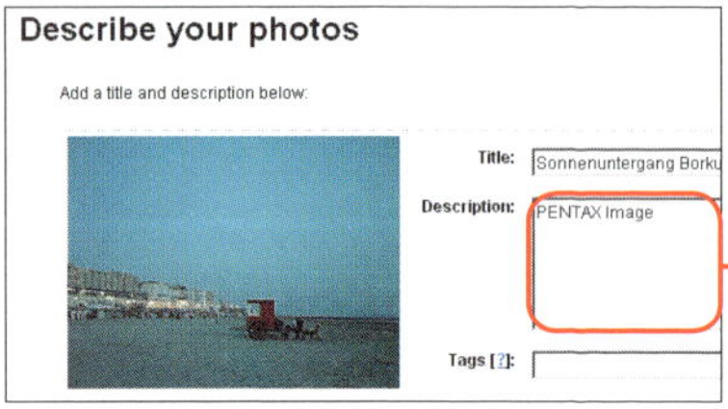

eingeben. Dies ist zwar nicht unbedingt notwendig, erleichtert aber die Übersicht später erheblich. Zum Speichern der Bildbeschreibungen klicken Sie unten auf der Seite auf ●.

**6** Haben Sie Ihre Kommentare gespeichert, werden Sie automatisch zu Ihrer eigenen Flickr-Seite geleitet, wo Sie das Ergebnis Ihrer ersten Flickr-Übertragung gleich bewundern können.

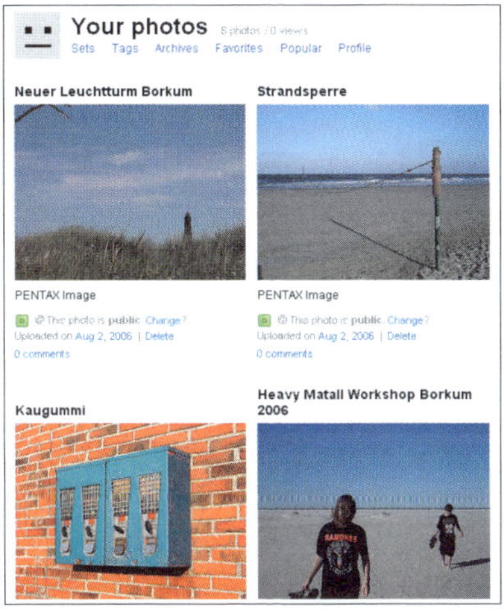


**7** Damit Sie ein Bild einzeln und vergrößert ansehen können, genügt ein Doppelklick auf das jeweilige Foto.

Bei genauerem Hinsehen werden Sie feststellen, dass sich oberhalb des Bildes noch einige kleine Schaltflächen befinden. Um das aktuelle Bild beispielsweise in Maximalgröße anzuzeigen, klicken Sie dort einfach auf ●.

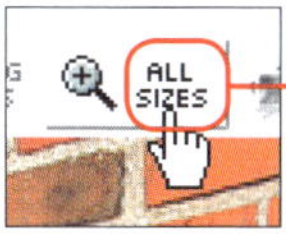


### Zeit sparen bei der Übertragung

Flickr rechnet Ihr Bild auf eine Maximalgröße von 1024 mal 768 **Bildpunkten** um. Sie können sich daher beim Ladevorgang in Flickr eine Menge Übertragungszeit sparen, wenn Sie Ihre Bilder vor dem Hochladen in PhotoFiltre auf die Maximalgröße von Flickr verkleinern, wie in Kapitel 4 auf Seite 56 beschrieben.

## Was ist eigentlich ...?

### Adresse
Mit der Adresse geben Sie im Internetanzeigeprogramm in der Adresszeile an, welche → Internetseite geöffnet werden soll. Jede Internetseite hat daher eine eigene Internetadresse.

### Archiv
Im speziellen Archiv-Dateiformat können Dateien in einer Archivdatei zusammengepackt werden. Hierbei werden die Dateien durch spezielle Kompressionsverfahren meist kleiner gepackt, als sie ursprünglich waren. Daher werden Archive gerne für das → Übertragen von Dateien im → Internet genutzt. Um auf die gepackten Dateien zuzugreifen, müssen die Dateien aus dem Archiv entpackt werden.

### Assistent
In vielen Programmen von Windows XP sind kleine Hilfsprogramme enthalten, mit deren Unterstützung Sie zum Beispiel ganz einfach Geräte installieren können. Diese Schritt-für-Schritt-Hilfen werden Assistenten genannt.

### Auflösung
Ein elektronischer Sensor nimmt bei einer Digitalkamera oder einem Scanner die Bilder auf. Dieses Bild setzt sich aus vielen einzelnen Bildpunkten in unterschiedlichen Farben zusammen. Die Anzahl der Punkte pro Bild ist die „Auflösung". Je höher die Anzahl der Bildpunkte, desto genauer die Wiedergabe des Motivs.

Was ist eigentlich ...?

### Autofokus
Automatisch scharf stellende Objektive – so genannte Autofokus-Objektive – übernehmen bei Digitalkameras die Entfernungseinstellung.

### Belichtung
Eigentlich Belichtungszeit oder Belichtungsdauer: Je länger ein Bild belichtet wird, desto mehr Licht kommt durch das Objektiv. Dunkle Motive brauchen eine längere Belichtung, was allerdings dazu führt, dass bewegte Motivelemente leichter verwackeln. Bei den meisten Digitalkameras wird die Belichtung automatisch eingestellt. Mit einem Bildbearbeitungsprogramm lassen sich fehlerhaft belichtete Motive im Nachhinein korrigieren.

### Betriebssystem
Das Betriebssystem ist die Basis, auf der alle Programme des Computers laufen. Es stellt die Grundfunktionen für die Dateiverwaltung zur Verfügung und sorgt für die Verbindung zwischen verschiedenen angeschlossenen Geräten – Tastatur, Maus, Bildschirm, aber auch → Drucker, → Scanner oder Digitalkamera. Ohne Betriebssystem – heute meist Microsoft Windows – kann kein Computer arbeiten.

## Was ist eigentlich ...?

### Bildauflösung
Die Bildauflösung gibt an, aus wie vielen einzelnen Bildpunkten sich ein digitales Bild oder Foto zusammensetzt. Die Abkürzung der Maßeinheit wird am Bildschirm in Pixel und im Ausdruck in „dpi" angegeben. Dpi steht für „**d**ots **p**er **i**nch" (Punkte pro Zoll). Damit wird beispielsweise die Anzahl der Farbtröpfchen angegeben, die ein Tintenstrahldrucker auf einen Zoll (1 Inch/Zoll = 2,54 Zentimeter) nebeneinander setzen kann. Je größer die dpi-Zahl, desto höher ist die → Auflösung eines Druckers – desto mehr Einzelheiten können also wiedergegeben werden.

### Bildbearbeitungsprogramm
Ein Programm, mit dem sich Fotos und andere Grafiken ändern und korrigieren lassen. Es wird häufig zum Ausgleich von Bildfehlern und zur Verbesserung der Qualität von Fotos eingesetzt.

### Bildlaufleiste
Die Bildlaufleisten erlauben die Bewegung der Inhalte von Bildschirmfenstern. Hierfür klicken Sie das Bildlauffeld auf der Bildlaufleiste an, halten die Maustaste gedrückt und führen mit weiterhin gedrückter Maustaste eine Ziehbewegung aus. Es gibt vertikale und horizontale Bildlaufleisten, sodass sowohl Auf- und Ab-Bewegungen als auch Rechts-Links-Verschiebungen des Fensterinhalts möglich sind.

## Was ist eigentlich ...?

### Bildpunkt
→ Pixel

### Blendenöffnung
Unter Blendenöffnung wird die Weite der Öffnung des Objektivs verstanden, die über den Schärfenbereich und die Belichtungsdauer entscheidet.

### BMP
→ Dateiformat

### CD
CDs („**C**ompact **D**isc") sind Kunststoffscheiben, auf denen Daten gespeichert sind. Auf beschreibbaren CD-Rs oder mehrfach beschreibbaren CD-RWs können Sie Daten, also auch Fotodateien speichern.

### Datei
→ Dateiformat

### Dateiformat
Bilder werden in unterschiedlichen Formaten in Dateien gespeichert. Das Windows-Format (BMP) wird für Bilder in Digitalkameras selten verwendet, weil es kaum verkleinert (komprimiert) werden kann. Das JPEG-Dateiformat kommt hingegen sehr häufig zur Anwendung. Es kann stark verkleinert werden, was jedoch zu Qualitätsverlusten führt. Das TIF-Format (TIFF) stellt wiederum eine Datenkomprimierung ohne Qualitätsverlust dar. Das TIF-

Was ist eigentlich ...?

Format wird vorrangig bei professioneller Bildverarbeitung verwendet.

**Dateisystem**
Das Dateisystem legt fest, wie der Computer Daten auf Speichermedien speichert.

**Daten**
Daten sind Informationen, die von einem Computer verarbeitet und in Dateien gespeichert werden.

**Datenträger**
Hierbei handelt es sich um ein Speichermedium, auf dem Daten in Form von Dateien dauerhaft gespeichert werden. Auf Datenträgern – beispielsweise → Speicherkarten oder → Festplatte – werden digitale Fotos als Grafikdateien gespeichert.

**Datenübertragung**
→ Übertragung

**DCIM**
So heißt der Ordner, in dem in der Regel automatisch die Fotografien von Digitalkameras gespeichert werden. Der Ordner DCIM ist meist ein Unterordner auf der → Speicherkarte der Digitalkamera.

**Desktop**
Mit dem englischen Wort „Desktop" (deutsch: Schreibtisch) wird die zentrale Oberfläche von grafischen

Was ist eigentlich ...?

Betriebssystemen – beispielsweise Windows – bezeichnet.

**Dialogfenster**
Fenster, das sich auf dem → Desktop oder innerhalb eines Programms öffnet, wenn eine Eingabe oder Einstellung vom Benutzer erwartet wird.

**Dienst**
Verkürzte Ausdrucksweise für Online-Dienstleistungen, die dem Benutzer verschiedene Möglichkeiten bieten, das Internet zu nutzen: Zugang, Suche, Dateiübertragung usw.

**DIN-A4**
Deutsches Standardformat einer Schreibmaschinenseite (210 x 295 mm). Ein halbiertes DIN-A4-Blatt (Schulheftgröße) wird als DIN-A5 bezeichnet. Das Postkartenformat (halbes Schulheft) ist DIN-A6.

**Doppelklick**
Rascher doppelter Mausklick mit der linken Maustaste, meist um ein Programm zu starten oder eine Datei zu öffnen.

**Download**
→ Übertragen

**Drucker**
Der Drucker ist mit dem PC in der Regel über ein Kabel (selten drahtlos)

**Was ist eigentlich ...?**

verbunden und dient dem Ausdruck von Texten und Bildern. Je nach Drucker lässt sich in Farbe oder nur Schwarz-Weiß drucken. Für den heimischen Fotodruck sind Farbdrucker weit verbreitet, die mit Tinten arbeiten. Andere Druckertypen übertragen das Bild mit Laser und Farbpulver (Laserdrucker) oder mit Hitze und Festfarbstoffen (Thermodrucker) auf das Papier.

### DVD-Rohling
DVDs („**D**igital **V**ersatile **D**isks") sind Kunststoffscheiben im CD-Format, auf denen große Datenmengen (je nach Beschichtung und Schreibverfahren 4,7 Gigabyte und mehr) gespeichert werden können. Auf beschreibbaren DVDs – DVD-Rohling genannt – können Sie je nach Auflösung Tausende von Fotodateien, aber auch Videos speichern.

### Farbdrucker
→ Drucker

### Farbtemperatur
Ausschlaggebend für die Farbtemperatur ist die Lichtquelle. Da das Weiß von Sonnenlicht eine andere Farbtemperatur hat als eine Glühlampe oder eine Kerze, kann je nach Lichtquelle die Erscheinung von Farben auf dem Foto unterschiedlich sein. Mit einem → Bildbearbeitungsprogramm lassen sich Fehlbelichtungen korrigieren.

**Was ist eigentlich ...?**

### Festplatte
Bei einer Festplatte handelt es sich um ein Speichermedium, bei dem Dateien auf rotierende Magnetscheiben aufgezeichnet werden. Festplatten finden sich in beinahe jedem stationären Computer. Es gibt sie aber auch als externe Geräte – oft USB-Platten –, die per Kabel mit dem Rechner verbunden werden können.

### Filter
In → Bildbearbeitungsprogrammen werden so genannte Filter eingesetzt, um das digitale Bild zu verändern. So wie in der analogen Fotografie mit Filtern, die vor das Objektiv gesetzt werden, die Farbwiedergabe, Schärfe und andere Bildkomponenten verändert werden können, lassen sich bei der Nachbearbeitung am Computer mit Programmfiltern Effekte hervorrufen, die das Foto gestalten.

### Freeware
Programme, deren Einsatz für die private Nutzung kostenfrei ist. Solche Programme finden sich im Internet beispielsweise auf der Seite **www.computerbild.de** oder auf CDs, wie den Heft-CDs von COMPUTERBILD.

### Gigabyte
→ Megabyte

### Herunterladen
→ Übertragen

Was ist eigentlich ...?

### HTML
Abkürzung für „**H**yper**t**ext **M**arkup **L**anguage“: die Programmiersprache, in der → Internetseiten programmiert und formatiert werden.

### Installationsprogramm
Ein Installationsprogramm sorgt auf dem Computer für die Einrichtung neuer Programme oder auch für den Zugriff neu angeschlossener Geräte. Zumeist führt ein → Assistent durch den Einrichtungsvorgang.

### Internet
Internet ist die Bezeichnung für die weltweite Vernetzung von Computern. Insofern stellt es einen Oberbegriff für die verschiedenen Netzangebote wie E-Mail, World Wide Web, Usenet usw. dar. Oft wird die Bezeichnung Internet etwas nachlässig und ungenau nur für das World Wide Web, also die Gesamtheit der Websites verwendet.

### Internet Explorer
Der Internet Explorer ist ein Internet-anzeigeprogramm, das zusammen mit Windows ausgeliefert wird.

### Internetseite
Die Internetseite ist die grafisch gestaltete Anzeige der Inhalte, die unter einer Internetadresse gespeichert sind. Die Seite wird innerhalb des Internetanzeigeprogramms, beispielsweise dem → Internet Explorer, auf dem PC angezeigt. Auf den meisten Internetseiten lässt sich durch Anklicken von Einträgen zu anderen Seiten wechseln oder eine bestimmte Aktion – beispielsweise das → Übertragen von Dateien – starten.

Was ist eigentlich ...?

### JPEG
→ Dateiformat

### Kontextmenü
Ein Kontextmenü ist ein Menü, dessen Befehle nur in einem bestimmten Zusammenhang (= Kontext) zur Verfügung stehen. Ein Klick mit der rechten (!) Maustaste öffnet das Kontextmenü mit den jeweils passenden Befehlen.

### Laptop
Ein Laptop, auch Notebook genannt, ist ein kleiner Computers, der unterwegs die volle Funktionalität eines Schreibtisch-PCs auf reduziertem Raum bietet. Tastatur und Monitor sind direkt in das Gehäuse des Geräts eingebaut.

### Megabyte
Die Größe von Computerdaten wird in Byte gemessen. 1024 Byte sind 1 Kilobyte (KB), 1024 KB sind 1 Megabyte (MB), und 1024 MB entsprechen 1 Gigabyte (GB).

### Megapixel
Bezeichnet eine Million → Bildpunkte.

## Was ist eigentlich ...?

### Menü
→ Menüleiste

### Menüleiste
Die Menüleiste befindet sich oben im Programmfenster. In den Menüs sind Befehle und Funktionen zumeist thematisch sortiert aufgeführt.

### MP3-Player
Mit MP3-Abspielgeräten – MP3-Player genannt – lassen sich Musikstücke wiedergeben, die mit dem MP3-Kompessionsverfahren gespeichert wurden. Dank dieser Komprimierung werden die Musikdateien einer Musik-CD auf 10 Prozent der ursprünglichen Größe komprimiert

### Navigationsleiste
Navigationsleisten befinden sich auf vielen → Internetseiten, um dem Besucher die Bewegung durch die angebotenen Inhalte zu erleichtern. Navigationsleisten sind meist links, mitunter auch rechts oder oben am Fensterrand positioniert. Wenn Sie einen der Einträge mit der Maus anklicken, wechselt die Anzeige zu der bezeichneten Stelle.

### Ordner
Daten- und Programmverzeichnisse werden bei Windows Ordner genannt. In diesen Ordnern werden → Dateien und Programme sortiert gespeichert.

## Was ist eigentlich ...?

### Passwort
Kennwort, das den Zugriff auf geschützte → Dateien, → Ordner und Services freigibt. Internetzugänge und Bereiche im Internet sind meist durch Passwörter geschützt. Passwörter sollten aus Sicherheitsgründen geheim gehalten werden.

### PDA
Beim „**P**ersonal **D**igital **A**ssistent", kurz PDA, handelt es sich um einen Kleinstcomputer, der den Besitzer unterwegs mit den wichtigsten Daten seines Schreibtisch-PCs versorgt. PDAs werden oft direkt über den eingebauten druckempfindlichen Bildschirm mit einem Plastikgriffel bedient.

### Pixel
Ein Pixel (englische Bezeichnung für Bildpunkt) ist die kleinste Bildeinheit bei einer Digitalkamera, einem → Scanner oder einem Bildschirm.

### Scanner
Um Papiervorlagen – Texte, Bilder, Fotos – in den PC einzulesen und als → Datei abzuspeichern, werden sie mit einem Scanner „abfotografiert". Die Daten der Bilddatei werden vom Scanner meist über ein → USB-Kabel zum angeschlossenen Rechner übertragen.

### Schnittstelle
Über verschiedene Schnittstellen

Was ist eigentlich ...?

lassen sich Geräte mit dem PC verbinden, beispielsweise Tastatur, Maus, Bildschirm, → Drucker oder → Scanner. Je nach Gerät kommen hierbei verschiedene Schnittstellen zum Einsatz, etwa → USB-, serielle oder parallele Schnittstelle. Die Kabel für die Verbindung mit externen Schnittstellen haben stets eigene Stecker, die in Form und Belegung speziell auf die Schnittstellenbuchse des Rechners ausgerichtet sind.

**Shareware**
Unter dem Begriff Shareware werden Programme zusammengefasst, die gratis verteilt und eine Zeit lang getestet werden können. Allerdings sieht die Shareware-Vereinbarung im Gegensatz zur → Freeware vor, dass die Programme nach bestandener Erprobung und anschließendem Gebrauch käuflich erworben werden.

**Speicherchip**
Auf Speicherchips werden auf kleinem Raum die Daten von Digitalkameras, Musikabspielgeräten oder auch Mobiltelefonen gespeichert.

**Speicherkarten**
Datenträger, die in den meisten Digitalkameras eingesetzt werden. Je nach Hersteller unterscheiden sich die Standards. Am häufigsten sind die Formate CF-Card, SD-Card oder

Was ist eigentlich ...?

Memorystick Pro. Um diese Speicherkarten direkt mit dem PC lesen und beschreiben zu können, ist oft ein Kartenleser erforderlich.

**Startmenü**
In der linken unteren Ecke des Bildschirms findet sich das zentrale Menü von Windows, das mit einem Mausklick geöffnet wird. Von hier aus können Sie alle Programme starten, auf →Dateien zugreifen und Windows konfigurieren und beenden.

**Suchmaschine**
Als Suchmaschine wird ein → Dienst im Internet bezeichnet, über den sich mittels der Eingabe von Suchbegriffen Internetseiten finden lassen.

**Symbol**
Ein Symbol repräsentiert auf der grafischen Oberfläche eine → Datei oder eine Funktion. Während Sie mit einem → Doppelklick auf ein Dateisymbol die Datei sofort öffnen oder das bezeichnete Programm direkt starten können, lassen sich über Funktionssymbole Befehle ausführen. So kann mit einem Mausklick eine Datei gespeichert oder ausgedruckt werden.

**Symbolleiste**
In Symbolleisten werden → Symbole zusammengefasst, mit denen auf

Was ist eigentlich ...?

Mausklick Menüs geöffnet oder Befehle ausgeführt werden können.

### Taskleiste
Neben dem → Startmenü von Windows findet sich die so genannte Taskleiste, in der die laufenden Programme angezeigt werden. Mit einem Mausklick auf die entsprechende Schaltfläche lässt sich zwischen den Programmen wechseln. Zudem zeigt die Taskleiste die aktuelle Uhrzeit und verfügt über einen Bereich, über den sich durch Anklicken der angezeigten → Symbole Programme direkt starten lassen.

### Tastenkombination
Durch gleichzeitiges Drücken von verschiedenen Tasten – meist der Steuerungstaste [Strg] zusammen mit einem Buchstaben oder einer Zahl – lassen sich Funktionen aufrufen, ohne dass Sie sich mit der Maus durch ein Menü klicken müssen. Dies geht beim geübten Anwender oft schneller.

### TIFF
→ Dateiformat

### TWAIN
Als TWAIN wird eine standardisierte → Schnittstelle bezeichnet, die der Kommunikation von optischen Geräten – beispielsweise Digitalkamera oder Scanner – mit → Bildbearbeitungsprogrammen dient. Die Verbindung erfolgt

Was ist eigentlich ...?

oft über ein → USB-Kabel. Intern werden dann die Daten von dem TWAIN-Treiber weiterverarbeitet und an das Programm weitergegeben.

### Übertragung
Im Internet können Sie sich Text- oder Bilddateien nicht nur ansehen. Auf Wunsch ist es möglich, diese auch auf den eigenen Computer zu übertragen und dort zu speichern. Zudem können Sie von anderen Internetrechnern Programme, Spiele, Musikstücke, Bilder und Filme mit dem Internetanzeigeprogramm auf Ihren Computer „herunterladen". Diese Übertragung von Dateien wird oft auch als „Download" oder „Überspielen" bezeichnet. In jedem Fall werden Daten von einem Computer zum anderen übertragen. Wenn Sie die Quelle der Dateien nicht kennen, sollten Sie sehr vorsichtig sein, bevor Sie fremde Daten auf Ihrem Rechner speichern. Außerdem besteht bei vielen Angeboten die Gefahr, dass Inhalte angeboten werden, an denen der Anbieter keine Rechte hat. Daher sind viele Angebote illegal.

### Unterverzeichnis
→ Verzeichnis

### USB
Der USB (= „**U**niversal **S**erial **B**us") ist eine serielle Schnittstelle bzw. Anschlussform, über die Digitalkame-

Was ist eigentlich ...?

ras, Scanner, Drucker und andere Geräte mit dem Rechner verbunden werden. Dafür gibt es Kabel mit genormten Steckern, die in die entsprechende Anschlussbuchse des Rechners gesteckt werden.

### Version

Programme werden beständig weiterentwickelt. Die Programmversion gibt an, um welche Entwicklungsstufe es sich bei dem eingesetzten Programm handelt. Nach Möglichkeit sollte stets mit der aktuellsten Version gearbeitet werden, da bei der Weiterentwicklung auch Fehler korrigiert werden. Die Programmversion wird zumeist als Kommazahl ausgeschrieben, beispielsweise „PhotoFiltre 6.2.5“ Hierbei gibt in der Regel die erste Zahl die Programmversion an, während die folgenden Ziffern Entwicklungs- und Überarbeitungsstufen der aktuellen Version bezeichnen. Um welche Programmversion es sich handelt, wird meist in der Programminformation angezeigt, die sich im Hilfe-Menü aufrufen lässt.

### Verzeichnis

Dateien werden in so genannten Ordnern gespeichert. Diese Ordner werden bisweilen auch Verzeichnisse genannt. Da sich innerhalb von Ordnern weitere Ordner ablegen lassen, können Sie eine Baumstruktur (Verzeichnisbaum) aufbauen, in der Sie Ihre Dateien in Ordnern und Unterordnern (Unterverzeichnisse) ablegen.

Was ist eigentlich ...?

### Verzeichnisbaum

→ Verzeichnis

### Zauberstab

Mit dem Zauberstab lassen sich in → Bildbearbeitungsprogrammen Elemente rasch markieren und so für die weitere Bearbeitung isolieren, beispielsweise indem sie in den → Zwischenspeicher von Windows kopiert werden.

### Zoom-Funktion

Ähnlich wie mit einem Zoom-Objektiv können Sie mit der Zoom-Funktion Ausschnitte von Bildern auf dem Bildschirm vergrößern und in der Vergrößerung anschließend leichter bearbeiten („zoomen“ = heranholen).

### Zwischenspeicher

Sie können über den Zwischenspeicher – auch Zwischenablage genannt – von Windows Daten zwischen verschiedenen Programmfenstern übertragen. So lassen sich Bildelemente, aber auch Texte und Zahlen von einem Programmfenster ins andere und auch zwischen verschiedenen Programmen übernehmen. Sie kopieren markierte Daten mit der → Tastenkombination Strg C und fügen sie mit der Tastenkombination Strg V wieder ein.

# Stichwortverzeichnis

# PC abschalten – auf Hochspannung umschalten



---


Besuchen Sie uns im Internet:
**www.ullstein-taschenbuch.de**

Originalausgabe im Ullstein Taschenbuch
3. Auflage 2007



E-Mail: buecher@computerbild.de
Umschlaggestaltung: HildenDesign, München/Buch und Werbung, Berlin
Titelabbildung: Corbis
Satz und Repro: LVD GmbH, Berlin
Druck und Weiterverarbeitung: Ebner & Spiegel, Ulm
Printed in Germany
ISBN 978-3-548-41257-3